歴史に輝く
なでしこ大図鑑

ウェッジホールディングス◎編

歴史に輝《かがや》く なでしこ大《だい》図《ず》鑑《かん》

もくじ

この本の見方

この本では歴史上、名を残した大和《やまと》なでしこを取り上げていく。それぞれの人物については2ページで紹介《しょうかい》している。ここでは各ページの見方を説明する。

1
夫への愛憎《あいぞう》に苦しんだ『蜻蛉《かげろう》日記』の作者
藤《ふじ》原《わらの》道《みち》綱《つなの》母《はは》
(右大将道綱の母／大納言道綱の母)

藤原道綱母の一生
2
生没年
936～995年
(享年:60歳)

夫の浮気に心乱され、嫉妬する日々

名前不明のため、藤原道綱母と呼称される娘は、下級貴族・藤原倫寧の子として誕生。

道綱母は平安王朝三美人に数えられるほどに美しく、歌の才能にも恵まれていた。そのため、右大臣家の御曹司・藤原兼家に見初められ、954年に結婚。翌年には息子・道綱を生んだ。この時、道綱母は18歳ほど、兼家は26歳だったとされる。

ただ、当時は一夫多妻制が当たり前であり兼家にもすでに正妻・時姫がいた。また、婦は別居で仕事が終わった後に夫が妻の家に通う「通い婚」という風習があった。

結婚後、初めはよく道綱母の家に通っていた兼家だったが、次第にその足は道綱母のもとから遠のいていった。

ある時、三日連続で家を訪れなかった兼家にわけを聞くと「お前を試しただけで、わざと行かなかった」と兼家はとぼけてみせた。

浮気を疑った道綱母は、朝、仕事に行くといって家を出た兼家の後を家来につけさせた。すると、兼家は仕事場ではなく町の小路（現在の京都府京都市新町通）にある女の家の中に入っていったという。

浮気の証拠をつかみ、道綱母は夫の裏切りと嫉妬で心を乱した。そして、次に兼家が訪れた時には追い返し、「あなたがこないのを嘆きながら、一人で寝る夜がどれほど夜明けが遅いか、あなたにはわからないでしょう」と、嫌味を込めた歌を手紙にしたため送ったという。この歌は小倉百人一首に収められている。

3
想いのすべてを日記にしたためる

その後も兼家の浮気は止まらず、浮気を知るたびに道綱母は涙を流し、兼家をうらんだ。息子の成長だけが心の支えだった。

990年に兼家がこの世を去り、その後は穏やかに暮らした道綱母は、995年、息子に看取られながら息を引き取った。

結婚すると同時に書きはじめた日記『蜻蛉日記』には、結婚生活や夫への不満や苦悩、子への愛情など、道綱母の感情がありのまま書かれており、記録は21年分にもなった。

なでしこたちの秘話

道綱母が執筆した『蜻蛉日記』は上・中・下の3巻で構成された日記文学だ。上巻は954年～968年の約15年間、中巻は969年～971年の約3年間、下巻は972年～974年の約3年間分が記録されている。

女性による初の日記文学として、日本文学史上その歴史的価値は高い。また、和歌との融合や自然描写など、その表現は後に紫式部が執筆した『源氏物語』につながるとされ、文学的な価値も上げている。

4

なでしこが生きた時代

保元の乱の火種となった美福門院だが、1159年に起きた平治の乱もまた、結果的に彼女が招いたといってもいいだろう。

保元の乱で後白河天皇側として共に戦った平清盛と源義朝だが、両者の間で勢力争いが起き、戦乱となった。この平治の乱に勝利した平家は繁栄した。

以後、武家の持つ力は増し、繁栄を続けた平家による政治が行われるようになった。

❶人物名

最も有名な名前が大きく書かれている。他の呼《よ》び名《な》はかっこ内に小さく示《しめ》した。

❷生没年《せいぼつねん》／享年《きょうねん》

その人物が生きた年代と亡《な》くなった年《ねん》齢《れい》。わかっていないものは不明となっている。この本では年齢《ねんれい》は数え年（生まれた時を1歳《さい》として、毎年頭に1歳《さい》加えていく数え方）で表記した。

❸人物の一生

紹介《しょうかい》している人物が活躍《かつやく》した話を中心に、その一生を紹介《しょうかい》している。

❹なでしこたちの秘話《ひわ》
なでしこが生きた時代

なでしこたちの秘話《ひわ》では、その人物の意外なエピソードを紹介《しょうかい》。なでしこが生きた時代では、その人物が生きた時代の背景《はいけい》を解説《かいせつ》している。

夫への愛憎《あいぞう》に苦しんだ『蜻蛉《かげろう》日記』の作者

藤《ふじ》原《わらの》道《みち》綱《つなの》母《はは》

(右《う》大《だい》将《しょう》道《みち》綱《つな》の母《はは》/大《だい》納《な》言《ごん》道《みち》綱《つな》の母《はは》)

藤原道綱母《ふじわらのみちつなのはは》の一生

生没年《せいぼつねん》
936〜995年
(享年《きょうねん》:60歳《さい》)

夫の浮気《うわき》に心乱《みだ》され、嫉妬《しっと》する日々

名前不明のため、藤原道綱母《ふじわらのみちつなのはは》と呼称《こしょう》される娘《むすめ》は、下級貴族《きぞく》・藤原倫寧《ふじわらのともやす》の子として誕生《たんじょう》。

道綱母《みちつなのはは》は平安王朝三美人に数えられるほどに美しく、歌の才能《さいのう》にも恵《めぐ》まれていた。そのため、右大臣家《うだいじんけ》の御曹司《おんぞうし》・藤原兼家《ふじわらのかねいえ》に見初《みそ》められ、954年に結婚《けっこん》。翌年《よくねん》には息子・道綱《みちつな》を生んだ。この時、道綱母《みちつなのはは》は18歳《さい》ほど、兼家《かねいえ》は26歳《さい》だったとされる。

ただ、当時は一夫多妻制《いっぷたさいせい》が当たり前であり、兼家《かねいえ》にもすでに正妻《せいさい》・時姫《ときひめ》がいた。また、夫婦《ふうふ》は別居《べっきょ》で仕事が終わった後に夫が妻《つま》の家に通う「通《かよ》い婚《こん》」という風習があった。

結婚後《けっこんご》、初めはよく道綱母《みちつなのはは》の家に通っていた兼家《かねいえ》だったが、次第にその足は道綱母《みちつなのはは》のもとから遠のいていった。

ある時、三日連続で家を訪《おとず》れなかった兼家《かねいえ》にわけを聞くと「お前を試しただけで、わざと行かなかった」と兼家《かねいえ》はとぼけてみせた。

浮気《うわき》を疑《うたが》った道綱母《みちつなのはは》は、朝、仕事に行くといって家を出た兼家《かねいえ》の後を家来につけさせた。すると、兼家《かねいえ》は仕事場ではなく町の小路《こうじ》（現在《げんざい》の京都府京都市新町通）にある女の家の中に入っていったという。

浮気《うわき》の証拠《しょうこ》をつかみ、道綱母《みちつなのはは》は夫の裏切《うらぎ》りと嫉妬《しっと》で心を乱《みだ》した。そして、次に兼家《かねいえ》が訪《おとず》れた時には追い返し、「あなたがこないのを嘆《なげ》きながら、一人で寝《ね》る夜がどれほど夜明けが遅《おそ》いか、あなたにはわからないでしょう」と、嫌味《いやみ》を込《こ》めた歌を手紙にしたため送ったという。この歌は小倉百人一首《おぐらひゃくにんいっしゅ》に収《おさ》められている。

想いのすべてを日記にしたためる

その後も兼家《かねいえ》の浮気《うわき》は止まらず、浮気《うわき》を知るたびに道綱母《みちつなのはは》は涙《なみだ》を流し、兼家《かねいえ》をうらんだ。息子の成長だけが心の支《ささ》えだった。

990年に兼家《かねいえ》がこの世を去り、その後は穏《おだ》やかに暮《く》らした道綱母《みちつなのはは》は、995年、息子に看取《みと》られながら息を引き取った。

結婚《けっこん》すると同時に書きはじめた日記『蜻蛉《かげろう》日記』には、結婚《けっこん》生活や夫への不満や苦悩《くのう》、子への愛情《あいじょう》など、道綱母《みちつなのはは》の感情《かんじょう》がありのまま書かれており、記録は21年分にもなった。

なでしこたちの秘話《ひわ》

道綱母《みちつなのはは》が執筆《しっぴつ》した『蜻蛉《かげろう》日記』は上・中・下の3巻《かん》で構成《こうせい》された日記文学だ。上巻《じょうかん》は954年〜968年の約15年間、中巻《ちゅうかん》は969年〜971年の約3年間、下《げ》巻《かん》は972年〜974年の約3年間分が記録されている。

女性《じょせい》による初の日記文学として、日本文学史上その歴史的価値《かち》は高い。また、和歌との融合《ゆうごう》や自然描写《びょうしゃ》など、その表現《ひょうげん》は後に紫式部《むらさきしきぶ》が執筆《しっぴつ》した『源氏《げんじ》物語』につながるとされ、文学的な価値《かち》も上げている。

美《び》福《ふく》門《もん》院《いん》

（藤《ふじ》原《わらの》得《とく》子《し》）

武《ぶ》家《け》の世を招《まね》く、二つの乱《らん》の火種となった女《じょ》性《せい》

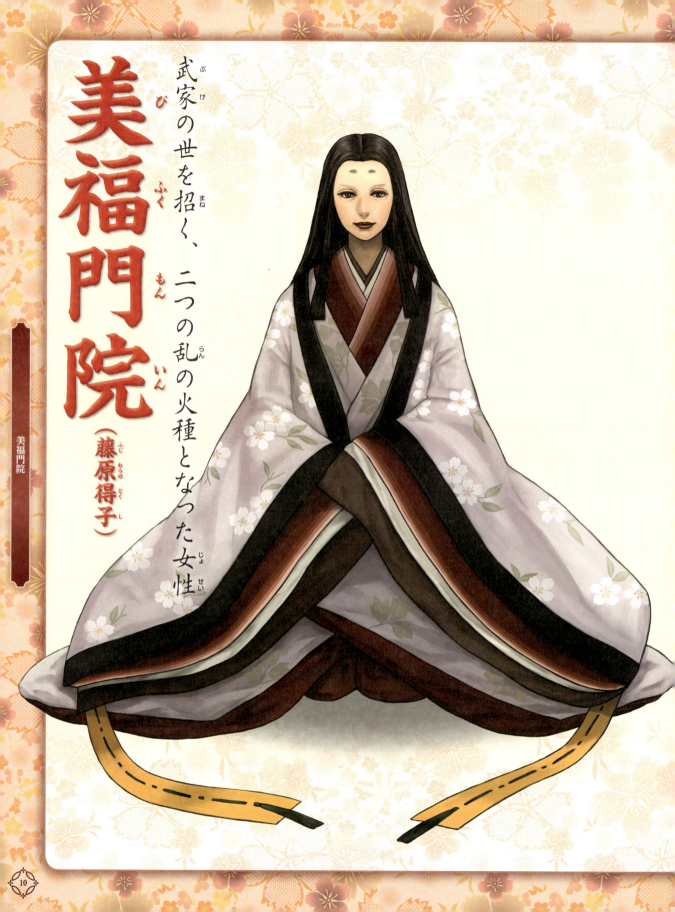

美福門院《びふくもんいん》の一生

生没年《せいぼつねん》
1117～1160年
(享年《きょうねん》:44歳《さい》)

天皇《てんのう》となる子の出産と早過《はやす》ぎる子どもの死

中納言《ちゅうなごん》・藤原長実《ふじわらのながざね》を父に持ち、名を得子《とくし》という。17歳《さい》の時に鳥羽上皇《とばじょうこう》の妻《つま》の一人となる。

1139年、鳥羽上皇《とばじょうこう》との間に体仁皇子《なりひとおうじ》が生まれる。体仁《なりひと》は3歳《さい》の時に天皇《てんのう》として即位《そくい》し、近衛天皇《このえてんのう》になった。天皇《てんのう》の生母という理由から皇后《こうごう》となった得子《とくし》は、鳥羽上皇《とばじょうこう》の正妻《せいさい》・待賢門院《たいけんもんいん》より強い権力《けんりょく》を持つようになった。

1149年には美福門院《びふくもんいん》の院号を授《さず》かる。

しかし、近衛天皇《このえてんのう》が17歳《さい》の若《わか》さで死去。美福門院《びふくもんいん》は早過《はやす》ぎる息子の死を、鳥羽上皇《とばじょうこう》の後に天皇《てんのう》になった崇徳上皇《すとくじょうこう》とその同志《どうし》である藤原頼長《ふじわらのよりなが》の呪《のろ》いのせいだと思《おも》い込《こ》む。

美福門院《びふくもんいん》のこの憎《にく》しみは、次の天皇《てんのう》の選定に大きな影響《えいきょう》を与《あた》えることになる。

崇徳上皇《すとくじょうこう》への妨害《ぼうがい》が乱《らん》の火種に発展《はってん》

順当にいけば崇徳上皇《すとくじょうこう》の子・重仁親王《しげひとしんのう》が次の天皇《てんのう》に即位《そくい》するはずだったが、近衛天皇《このえてんのう》が病床《びょうしょう》にあった時から美福門院《びふくもんいん》は万一に備《そな》えていた。

崇徳上皇《すとくじょうこう》の弟・雅仁親王《まさひとしんのう》（後の後白河天皇《ごしらかわてんのう》）の子ども・守仁親王《もりひとしんのう》を養子にし、彼《かれ》を次の天皇《てんのう》に即位《そくい》させたいと、鳥羽法皇《とばほうおう》に訴《うった》えた。

鳥羽法皇《とばほうおう》は守仁親王《もりひとしんのう》の親である雅仁親王《まさひとしんのう》が健在《けんざい》であることをふまえ、まずは雅仁親王《まさひとしんのう》を即位《そくい》させ、その次代を守仁親王《もりひとしんのう》と決めたため、美福門院《びふくもんいん》の願いはほぼかなう形となった。

これに崇徳上皇《すとくじょうこう》が怒《いか》り、鳥羽法皇《とばほうおう》や美福門院《びふくもんいん》との対立関係を深めていき、保元《ほうげん》の乱《らん》の火種を生む結果となる。

1156年、「死後のすべては美福門院《びふくもんいん》に託《たく》す」と遺言《ゆいごん》を残し、鳥羽法皇《とばほうおう》が死去。

美福門院《びふくもんいん》により、鳥羽法皇《とばほうおう》の見舞《みま》いも許《ゆる》されなかった崇徳上皇《すとくじょうこう》は、ついには反乱《はんらん》を決意する。同年、従《したが》う家臣や武士《ぶし》たちと保元《ほうげん》の乱《らん》を起こし、即位《そくい》した後白河天皇《ごしらかわてんのう》と美福門院《びふくもんいん》に敵対《てきたい》した。

だが、武士《ぶし》の平清盛《たいらのきよもり》や源義朝《みなもとのよしとも》たちの軍勢《ぐんぜい》を味方につけた美福門院《びふくもんいん》の戦略《せんりゃく》に、崇徳上皇《すとくじょうこう》の軍勢《ぐんぜい》は敗れさる。

守仁親王《もりひとしんのう》の天皇即位《てんのうそくい》を見届《みとど》けた後、1160年に美福門院《びふくもんいん》は44歳《さい》で亡《な》くなった。

なでしこが生きた時代

保元《ほうげん》の乱《らん》の火種となった美福門院《びふくもんいん》だが、1159年に起きた平治《へいじ》の乱《らん》もまた、結果的に彼女《かのじょ》が招《まね》いたといってもいいだろう。

保元《ほうげん》の乱《らん》で後白河天皇《ごしらかわてんのう》側として共に戦った平清盛《たいらのきよもり》と源義朝《みなもとのよしとも》だが、両者の間で勢力《せいりょく》争いが起き、戦乱《せんらん》となった。この平治《へいじ》の乱《らん》に勝利した平家《へいけ》は繁栄《はんえい》した。

以後、武家《ぶけ》の持つ力は増《ま》し、繁栄《はんえい》を続けた平家《へいけ》による政治《せいじ》が行われるようになった。

恵《え》信《しん》尼《に》

浄《じょう》土《ど》真《しん》宗《しゅう》の開《かい》祖《そ》・親《しん》鸞《らん》を支《ささ》えた良《りょう》妻《さい》

恵信尼《えしんに》の一生

生没年《せいぼつねん》
1182年～不明
(享年《きょうねん》:不明)

仏教者《ぶっきょうしゃ》の正式な妻《つま》となった教養高き女性《じょせい》

京の公家《くげ》・九条家《くじょうけ》と主従《しゅじゅう》関係にあった、越後《えちご》（現在《げんざい》の佐渡島《さどがしま》を除《のぞ》いた新潟県《にいがたけん》）の豪族《ごうぞく》・三善為教《みよしためのり》の娘《むすめ》として生まれる。

現在《げんざい》に残された直筆の書状《しょじょう》から、教養の高い女性《じょせい》であったことが見て取れるが、これは公家《くげ》に仕えていたからと考えられる。

1207 年、流刑《るけい》で越後《えちご》に送られてきた浄土《じょうど》真宗《しんしゅう》の開祖《かいそ》・親鸞《しんらん》と知り合う。

その後、結婚《けっこん》し、仏教者《ぶっきょうしゃ》の最初の妻《つま》となった恵信尼《えしんに》は、親鸞《しんらん》との間に５人の子を産んだ。

夫は観音菩薩《かんのんぼさつ》の化身？ 恵信尼《えしんに》の見た正夢《まさゆめ》

親鸞《しんらん》の罪《つみ》が許《ゆる》された後、1214 年に夫婦《ふうふ》は子どもたちを連れて関東に移《うつ》った。

そして常陸《ひたち》（現在《げんざい》の茨城県《いばらきけん》）に滞在《たいざい》していた時、恵信尼《えしんに》は不思議な夢《ゆめ》を見る。

夢《ゆめ》の中に、勢至菩薩《せいしぼさつ》となった親鸞《しんらん》の師《し》・法然上人《ほうねんしょうにん》と観音菩薩《かんのんぼさつ》となった親鸞《しんらん》が現《あらわ》れたのだ。

夢《ゆめ》の内容《ないよう》に驚《おどろ》いた恵信尼《えしんに》は、法然上人《ほうねんしょうにん》のことだけを親鸞《しんらん》に伝えると、親鸞《しんらん》は正夢《まさゆめ》だといって大変喜んだという。

恵信尼《えしんに》は夫が観音菩薩《かんのんぼさつ》の化身であるという夢《ゆめ》の内容《ないよう》は秘密《ひみつ》にするべく口を閉《と》ざした。だが、夢《ゆめ》を見て以降《いこう》、恵信尼《えしんに》は夫が観音菩薩《かんのんぼさつ》の化身であると信じ、菩薩《ぼさつ》に仕えるように夫に寄《よ》りそうようになる。

恵信尼《えしんに》にとって親鸞《しんらん》が観音《かんのん》であるように、親鸞《しんらん》にとっても恵信尼《えしんに》は特別な存在《そんざい》だった。

まだ親鸞《しんらん》が恵信尼《えしんに》に出会う前、修行《しゅぎょう》の身であった時に、親鸞《しんらん》は夢《ゆめ》で観音《かんのん》から次のようなお告げを受けた。

「もし、この先結婚《けっこん》することがあれば、私《わたし》は玉のように美しい女性《じょせい》となり、そなたの妻《つま》となる。そして、生涯《しょうがい》を支《ささ》え、命を終える時には極楽浄土《ごくらくじょうど》へ導《みちび》く」

このお告げを受けていた親鸞《しんらん》にとって、妻《つま》の恵信尼《えしんに》は観音《かんのん》の化身だったのだ。

関東を転々とした後の 1234 年頃《ごろ》、恵信尼《えしんに》たちは京に移《うつ》る。そして、それから 20 年ほど経《た》った後に、70 歳《さい》を過《す》ぎた恵信尼《えしんに》だけが故郷《こきょう》へ帰ることになり、越後《えちご》で生涯《しょうがい》を閉《と》じたとされている。

なでしこたちの秘話《ひわ》

夫・親鸞《しんらん》の死を娘《むすめ》の覚信尼《かくしんに》からの書状《しょじょう》で知った恵《え》信尼《しんに》は、親鸞《しんらん》のことなどをつづった手紙『恵信尼消息《えしんにしょうそく》』を送り、娘《むすめ》をはげました。

現在《げんざい》に残された手紙は全部で10通。最初の２通は覚信尼《かくしんに》へ使用人たちを譲《ゆず》る証文《しょうもん》。３～６通目は親鸞《しんらん》との思い出。７～10通目は越後《えちご》での生活や受《う》け継《つ》いだ土地などについて書かれている。当時の暮《く》らしや信仰《しんこう》について知ることができる貴重《きちょう》な資料《しりょう》でもある。

歌の宗《そう》家《け》に嫁《とつ》ぎ、激《はげ》しい相続争いを繰《く》り広《ひろ》げた歌人

阿《あ》仏《ぶつ》尼《に》

（越《えち》前《ぜん》）

阿《あ》仏《ぶつ》尼《に》の一生

生没年《せいぼつねん》
不明～1283年
(享年《きょうねん》:不明)

恋《こい》に破《やぶ》れ、死を覚悟《かくご》するほどの激情《げきじょう》

平《たいらの》度《のり》繁《しげ》の養女。後《ご》高《たか》倉《くら》院《いん》の皇《おう》女《じょ》・安《あん》嘉《か》門《もん》院《いん》に仕え、安《あん》嘉《か》門《もん》院《いん》四《し》条《じょう》、右《う》衛《え》門佐《もんのすけ》四《し》条《じょう》と呼《よ》ばれていた。

宮仕え中に出会った貴《き》族《ぞく》の男を愛し、二人は恋《こい》仲《なか》になるが、破《は》局《きょく》。激《はげ》しく傷《きず》ついた四《し》条《じょう》は身投げを考えるほどに思いつめ、一時的に尼《あま》寺《でら》に身を寄《よ》せていた。

1253年、歌の宗《そう》家《け》に生まれたエリート・藤《ふじ》原《わらの》為《ため》家《いえ》の側《そく》室《しつ》になる。この時、四《し》条《じょう》は30歳《さい》ほど、為《ため》家《いえ》は56歳《さい》ほどだった。為《ため》家《いえ》には四《し》条《じょう》と同じ年《とし》頃《ごろ》の息子たちもいた。

為《ため》家《いえ》との間に為《ため》相《すけ》と為《ため》守《もり》、1女を産む。

1275年、為《ため》家《いえ》が死去すると、四《し》条《じょう》は出家。阿《あ》仏《ぶつ》尼《に》（北《ほく》林《りん》禅《ぜん》尼《に》）と号した。

息子のためを思い、徹《てっ》底《てい》的《てき》に争った執《しゅう》念《ねん》の母

為《ため》家《いえ》の死後、阿《あ》仏《ぶつ》尼《に》と為《ため》家《いえ》の長男・為《ため》氏《うじ》の間で、領《りょう》地《ち》・播《はり》磨《まの》国《くに》三木郡（現《げん》在《ざい》の兵庫県三木市）の細《ほそ》川荘《かわのしょう》をめぐる相続争いが発生。

生前、為《ため》家《いえ》は細《ほそ》川荘《かわのしょう》を為《ため》氏《うじ》に与《あた》えると約束を交わしていた。だが、阿《あ》仏《ぶつ》尼《に》は為《ため》家《いえ》に「領《りょう》地《ち》は為《ため》相《すけ》に」と訴《うった》えて、為《ため》氏《うじ》との約束を取り消させ、改めて為《ため》相《すけ》に譲《ゆず》ると約束させたのだった。

阿《あ》仏《ぶつ》尼《に》は決着をつけるため朝《ちょう》廷《てい》に訴《うった》え出《で》るが、なかなか取り上げられず、じれた阿《あ》仏《ぶつ》尼《に》は鎌《かま》倉《くら》幕《ばく》府《ふ》に訴《うった》えることを決める。

50歳《さい》を過《す》ぎた老女となっていた阿《あ》仏《ぶつ》尼《に》は、京から鎌《かま》倉《くら》までを旅し、1279年に鎌《かま》倉《くら》に到《とう》着《ちゃく》。貴《き》族《ぞく》の資《し》金《きん》源《げん》である荘《しょう》園《えん》と、権《けん》威《い》ある歌道の家を自分の息子に継《つ》がせたいという親心ゆえの行動とはいえ、当時としては突《とっ》出《しゅつ》した行動力のある女《じょ》性《せい》だった。

阿《あ》仏《ぶつ》尼《に》の著《ちょ》作《さく》『十《い》六《ざ》夜《よい》日記』は、この道中のことを記録したものである。

鎌《かま》倉《くら》に住みながら幕《ばく》府《ふ》の裁《さい》決《けつ》を待った阿《あ》仏《ぶつ》尼《に》だったが、襲《しゅう》来《らい》する元《げん》（現《げん》在《ざい》のモンゴル）の対《たい》策《さく》に追われた幕《ばく》府《ふ》の裁《さい》決《けつ》は長引いた。裁《さい》決《けつ》を待ち続けて5年、結果を聞くことなく没《ぼっ》することとなった。

為《ため》相《すけ》勝利の判《はん》決《けつ》が下されたのは、阿《あ》仏《ぶつ》尼《に》の死から30年経《た》ってからだった。

なでしこたちの秘《ひ》話《わ》

阿《あ》仏《ぶつ》尼《に》は800首もの歌を残しており、その歌のうち、『続《しょく》古《こ》今《きん》和《わ》歌《か》集《しゅう》』以下の和歌の勅撰集《ちょくせんしゅう》に48首、『夫《ふ》木《ぼく》抄《しょう》』に59首、『歌枕《うたまくら》名《な》寄《よせ》』に7首が選ばれていることからも、阿《あ》仏《ぶつ》尼《に》は優《すぐ》れた歌人であった。

『十《い》六《ざ》夜《よい》日記』のほか、恋《こい》や破《は》局《きょく》などを描《えが》いた回想録『うたたね』、歌《か》論《ろん》書《じょ》『夜《よる》の鶴《つる》』など、散文作品も残している。為《ため》相《すけ》は今も残る歌道の冷《れい》泉《ぜい》家《け》の祖《そ》となった。

将軍《しょうぐん》を後《うし》ろ盾《だて》に権勢《けんせい》をふるった女官

今《いま》参《まいりの》局《つぼね》（御《お》今《いま》）

今《いま》参《まいりの》局《つぼね》の一生

生没年《せいぼつねん》
不明～1459年
(享年《きょうねん》:不明)

「三魔《さんま》」の一人として正妻《せいさい》を超《こ》える権力《けんりょく》を持つ

室町時代、将軍《しょうぐん》のそばに仕えた役人・大舘《おおだち》満冬《みつふゆ》の娘《むすめ》としてこの世に生を受ける。今参局《いままいりのつぼね》とは「新しい女官」を意味する言葉で、実名不明な彼女《かのじょ》はその名で呼《よ》ばれることが多い。

12 ～ 13歳《さい》の時に、後の室町幕府《ばくふ》8代将軍《しょうぐん》・足利《あしかが》義政《よしまさ》に乳母《うば》として仕えた。この時、義政《よしまさ》は2～3歳《さい》だったとされる。

乳母《うば》とはいえ、主な今参局《いままいりのつぼね》の役目は義政《よしまさ》の身の回りの世話と教育だった。

その後、8代将軍《しょうぐん》となった義政《よしまさ》は、二十歳《はたち》の頃《ころ》に日野《ひの》富子《とみこ》を正妻《せいさい》として迎《むか》える。しかし、義政《よしまさ》の愛は富子《とみこ》ではなく、幼《おさな》い頃《ころ》から気心のしれた今参局《いままいりのつぼね》に向けられた。また、母親のような存在《そんざい》でもあったため、信頼《しんらい》も厚《あつ》く、義政《よしまさ》は今参局《いままいりのつぼね》の意見をよく聞いたという。

将軍《しょうぐん》という後《うし》ろ盾《だて》を持った今参局《いままいりのつぼね》は大きな権力《けんりょく》を持ち、義政《よしまさ》の側近・有馬《ありま》持家《もちいえ》と烏丸《からすま》資任《すけとう》と組んで政治《せいじ》を動かすようになる。

将軍《しょうぐん》を操《あやつ》り政治《せいじ》を行う3人を、世間は共通する「ま」の文字から「三魔《さんま》」と呼《よ》び、「近《ちか》頃《ごろ》の政治《せいじ》は三魔《さんま》が動かしているようなものだ」と非難《ひなん》の声をあげたという。

今参局《いままいりのつぼね》のことを疎《うと》ましく思う正妻《せいさい》・富子《とみこ》は、義政《よしまさ》の生母・日野《ひの》重子《しげこ》を味方につける。しかし、重子《しげこ》が義政《よしまさ》をしかっても、義政《よしまさ》の今参局《いままいりのつぼね》びいきは止められなかった。

呪《のろ》いをかけた罪《つみ》で琵琶湖《びわこ》に流刑《るけい》

1455年、今参局《いままいりのつぼね》は女子を産んだとされる。

1459年には富子《とみこ》が男子を産むが、その子はすぐに死んでしまった。すると「富子《とみこ》の子が死んだのは、今参局《いままいりのつぼね》が呪《のろ》いをかけたせいだ」といううわさが広まる。

このうわさは、今参局《いままいりのつぼね》や彼女《かのじょ》に与《くみ》する者たちを忌《い》まわしく思っていた重子《しげこ》や家臣たちの陰謀《いんぼう》だともいわれている。世継《よつ》ぎとなる子を失ったことで深く悲しんだ義政《よしまさ》はうわさに激《げき》怒《ど》し、今参局《いままいりのつぼね》に流刑《るけい》を命じた。

そして、流刑《るけい》先である琵琶湖《びわこ》の沖《おき》の島《しま》に護《ご》送《そう》される途中《とちゅう》、寺院に立《た》ち寄《よ》った今参局《いままいりのつぼね》はそこで命を落とす。その死は、女性《じょせい》にしては珍《めずら》しい切腹《せっぷく》による自殺だといわれている。

なでしこたちの秘話《ひわ》

富子《とみこ》の子を呪《のろ》ったとされ、それをきっかけに命を落とした今参局《いままいりのつぼね》。富子《とみこ》の出産から約3日後に流刑《るけい》が決まり、約8日後には死亡《しぼう》。その成り行きの早さから、後に冤罪《えんざい》も疑《うたが》われた。

その後ろ暗さからだろうか。義政《よしまさ》の子を身ごもった娘《むすめ》のもとに今参局《いままいりのつぼね》が現《あらわ》れ、腰《こし》に抱《だ》きついたという話や、府中を歩いているのを見たという話が出たり、今参局《いままいりのつぼね》の幽霊《ゆうれい》の目撃談《もくげきだん》も出たという。

築《つき》山《やま》殿《どの》（鶴《つる》姫《ひめ》）

家《いえ》柄《がら》に翻《ほん》弄《ろう》され、夫に殺された悲《ひ》劇《げき》の正《せい》室《しつ》

築山殿《つきやまどの》の一生

生没年《せいぼつねん》
1542～1579年
(享年《きょうねん》:38歳《さい》)

夫《おっと》に裏切《うらぎ》られ、今川《いまがわ》の人質《ひとじち》に

今川家《いまがわけ》の一門・瀬名家《せなけ》、関口親永《せきぐちちかなが》の娘《むすめ》として瀬名姫《せなひめ》は誕生《たんじょう》する。諸説《しょせつ》あるが、母親は今《いま》川《がわ》義元《よしもと》の妹といわれている。

1557年、今川家《いまがわけ》への人質《ひとじち》として駿河《するが》に留《とど》まっていた徳川家康《とくがわいえやす》と結婚《けっこん》し、1559年に徳《とく》川《がわ》信康《のぶやす》、翌年《よくねん》には亀姫《かめひめ》を産む。

当時、今川家《いまがわけ》は大きな権威《けんい》を持っていた。そのことを笠《かさ》に着た瀬名姫《せなひめ》は夫である家康《いえやす》を見下し、夫婦《ふうふ》仲は良好とはいえなかった。

しかし、瀬名姫《せなひめ》に有利な生活は、1560年に起きた桶狭間《おけはざま》の戦《たたか》いで一変する。

今川《いまがわ》側の先鋒《せんぽう》として織田《おだ》側と戦った家康《いえやす》は大将《たいしょう》・義元《よしもと》の死を知ると、瀬名姫《せなひめ》を駿河《するが》に残したまま故国《ここく》の三河《みかわ》（現在《げんざい》の愛知県東部）に帰り、敵《てき》だった織田信長《おだのぶなが》と同盟《どうめい》を結んだ。

残された瀬名姫《せなひめ》は今川《いまがわ》の人質《ひとじち》同然となったが、1562年に今川《いまがわ》との人質交換《ひとじちこうかん》で瀬名姫《せなひめ》と子どもたちは三河《みかわ》に迎《むか》え入《い》れられているので、家康《いえやす》は妻《つま》を見捨《みす》てたわけではなかった。

しかし、三河《みかわ》には今川《いまがわ》に不信感を持つ家臣《かしん》も多く、家康《いえやす》は瀬名姫《せなひめ》を三河《みかわ》の岡崎城《おかざきじょう》ではなく、岡崎城《おかざきじょう》の裏手《うらて》にある築山《つきやま》に建てられた館に住まわせた。このことにちなんで彼女《かのじょ》は築《つき》山殿《やまどの》と呼《よ》ばれるようになったとされる。

息子《むすこ》の嫁《よめ》とのいさかいが最悪の結果を招《まね》く

1570年、家康《いえやす》は息子の信康《のぶやす》に岡崎城《おかざきじょう》を譲《ゆず》り浜松城《はままつじょう》に移《うつ》ったが、岡崎《おかざき》に残った築山殿《つきやまどの》と信康《のぶやす》の妻《つま》・徳姫《とくひめ》との間で嫁姑《よめしゅうとめ》問題が発生する。

築山殿《つきやまどの》は織田信長《おだのぶなが》の娘《むすめ》である徳姫《とくひめ》が信康《のぶやす》と夫婦《ふうふ》であることに我慢《がまん》がならず、武田《たけだ》方の女《じょ》性《せい》を信康《のぶやす》の側室《そくしつ》にすすめた。

築山殿《つきやまどの》の思惑《おもわく》通り、その女性《じょせい》に信康《のぶやす》は夢中《むちゅう》になったが、当然徳姫《とくひめ》は激怒《げきど》。信長《のぶなが》に「信康《のぶやす》と築山殿《つきやまどの》が敵《てき》である武田勝頼《たけだかつより》と内通《ないつう》している」と書状《しょじょう》を送りつけ、これを受け取った信長《のぶなが》は家康《いえやす》に築山殿《つきやまどの》と信康《のぶやす》の処分《しょぶん》を命じたのだ。

1579年、築山殿《つきやまどの》は岡崎城《おかざきじょう》から浜松城《はままつじょう》へ向かう道中で、家康《いえやす》の家臣《かしん》に殺害され、信康《のぶやす》も母の死から半月後に二俣城《ふたまたじょう》で自害した。

当時の家康《いえやす》には信長《のぶなが》に逆《さか》らう力はなく、忠《ちゅう》誠《せい》を示《しめ》すため妻子《さいし》を殺すしかなかったのだ。

なでしこたちの秘話《ひわ》

築山殿《つきやまどの》と家康《いえやす》は政略結婚《せいりゃくけっこん》だったこともあり、夫婦《ふうふ》仲は冷め切っていた。とはいえ、築山殿《つきやまどの》は夫に対して無関心だったわけではなく、大変嫉妬《しっと》深かったと伝わっている。

家康《いえやす》との子どもを授《さず》かった自分の侍女《じじょ》にひどい仕打ちをしたという話も残されているが、築山殿《つきやまどの》を殺さねばならなかった徳川家《とくがわけ》がでっちあげた話も多いといわれている。

家康《いえやす》と政略結婚《せいりゃくけっこん》をした秀吉《ひでよし》の妹

旭《あさひ》姫《ひめ》（朝日姫《あさひひめ》／朝日《あさひ》の方《かた》／南明院《なんめいいん》）

旭《あさひ》姫《ひめ》の一生

生没年《せいぼつねん》
1543～1590年
(享年《きょうねん》:48歳《さい》)

突然《とつぜん》告げられた家康《いえやす》との結婚《けっこん》

1543年、尾張《おわり》（現在《げんざい》の愛知県《あいちけん》西部）で、織田信長《おだのぶなが》に仕えた筑阿弥《ちくあみ》と大政所《おおまんどころ》との間に生まれる。豊臣秀吉《とよとみひでよし》を異父兄《いふけい》に持つ。

織田信長《おだのぶなが》のもとで大名《だいみょう》となった兄・秀吉《ひでよし》は、信長《のぶなが》の仇《かたき》である明智光秀《あけちみつひで》を討ち、信長《のぶなが》に代わり天下人となった。

1584年、小牧《こまき》・長久手《ながくて》の戦《たたか》いでは秀吉《ひでよし》の軍勢《ぐんぜい》は、信長《のぶなが》の遺児《いじ》・織田信雄《おだのぶかつ》と徳川家康《とくがわいえやす》の連合軍と戦ったが、にらみ合いが続き、膠着《こうちゃく》状態《じょうたい》になった。戦いの始まりから7か月後、信雄《のぶかつ》との和解《わかい》に成功した秀吉《ひでよし》だが、家康《いえやす》との講和《こうわ》はうまくいかずにいた。

そこで秀吉《ひでよし》が考えついたのが、異父妹《いふまい》・旭姫《あさひひめ》と家康《いえやす》の結婚《けっこん》だった。それは、旭姫《あさひひめ》を家康《いえやす》へ人質《ひとじち》として送ることを意味していた。

この時、旭姫《あさひひめ》はすでに40歳《さい》を過《す》ぎており、尾張《おわり》の武士《ぶし》・佐治日向守《さじひゅうがのかみ》と結婚《けっこん》していたにも関わらず、秀吉《ひでよし》は二人の離縁《りえん》を命じる。

夫婦《ふうふ》仲もよく、離縁《りえん》など考えられなかったが、旭姫《あさひひめ》に秀吉《ひでよし》の要求を断《ことわ》ることなどできず、政治《せいじ》の駒《こま》として生きていくことになる。

ちなみに、旭姫《あさひひめ》と離縁《りえん》させられた夫・日向《ひゅうがの》守《かみ》は名誉《めいよ》を傷《きず》つけられたとして自害したとも、出家したともいわれている。

孤独《こどく》な家康《いえやす》との結婚《けっこん》生活 心労を重ねた晩年《ばんねん》

秀吉《ひでよし》の要求は家康《いえやす》に受け入れられ、1586年に旭姫《あさひひめ》と家康《いえやす》は結婚《けっこん》。44歳《さい》の旭姫《あさひひめ》と45歳《さい》の家康《いえやす》、両者共に望まない完全な政略結婚《せいりゃくけっこん》だった。

家康《いえやす》が駿河《するが》（現在《げんざい》の静岡県《しずおかけん》中央部）の駿府《すんぷ》城《じょう》を居城《きょじょう》にすると旭姫《あさひひめ》は駿河御前《するがごぜん》と呼《よ》ばれた。しかし、夫は妻《つま》のもとに訪《おとず》れることなく、旭姫《あさひひめ》は孤独《こどく》な日々を送るのだった。

1588年、母・大政所《おおまんどころ》が重体という報《ほう》を聞いて、旭姫《あさひひめ》は見舞《みま》いのため母がいる京の聚楽第《じゅらくだい》に入る。

大政所《おおまんどころ》はすぐに回復《かいふく》したが、旭姫《あさひひめ》は家康《いえやす》のもとに帰ろうとせず、そのまま聚楽第《じゅらくだい》に留《とど》まった。そして、旭姫《あさひひめ》自身が病にかかり、48歳《さい》で亡《な》くなった。死因《しいん》はうつ病による衰弱死《すいじゃくし》ともいわれている。家康《いえやす》との結婚《けっこん》生活はわずか2年間で終わることになった。

なでしこたちの秘話《ひわ》

旭姫《あさひひめ》を人質《ひとじち》同然の妻《つま》として家康《いえやす》と結婚《けっこん》させた秀吉《ひでよし》だが、実の母・大政所《おおまんどころ》も人質《ひとじち》として差し出している。

1586年、岡崎城《おかざきじょう》で対面した旭姫《あさひひめ》と大政所《おおまんどころ》。徳川《とくがわ》側は大政所《おおまんどころ》が偽者《にせもの》ではないかと疑《うたが》っていたが、母と抱《だ》き合《あ》い涙《なみだ》を流す旭姫《あさひひめ》の様子に疑《うたが》いをはらしたという。

その後、家康《いえやす》は秀吉《ひでよし》に会いに出立するが、家康《いえやす》の身に何かあればすぐに二人を殺す準備《じゅんび》がされており、二人は常《つね》に生きた心地がしなかったといわれている。

歌《か》舞《ぶ》伎《き》の始《し》祖《そ》とされる天才芸《げい》能《のう》者《しゃ》

出雲《いずもの》阿《お》国《くに》

（於《お》国《くに》／お国《くに》／国《くに》／久《く》仁《に》）

出雲阿国《いずものおくに》の一生

生没年《せいぼつねん》
不明
(享年《きょうねん》:不明)

出雲大社《いずもたいしゃ》の巫女《みこ》とされる出自不明の女

天正時代《てんしょうじだい》、当時の京都には日本各地から旅芸人が集まったが、その中で一番の人気を誇《ほこ》ったのが、歌舞伎《かぶき》の始祖《しそ》とされ、多くの伝説を残す阿国《おくに》だ。

阿国《おくに》の出自は不明な点が多く、出雲大社所《いずもたいしゃしょ》属《ぞく》の鍛冶職人《かじしょくにん》・中村三右衛門《なかむらみつえもん》の娘《むすめ》だという説や、地方から京に上った歩き巫女《みこ》の一人、もしくはその集団《しゅうだん》名とする説などがある。

どれも確証《かくしょう》のない話だが、一般的《いっぱんてき》には阿国《おくに》は出雲大社《いずもたいしゃ》の巫女《みこ》で、社殿《しゃでん》の修復《しゅうふく》の費用収集《しゅうしゅう》のため興行《こうぎょう》し、踊《おど》りの前に必ず「私《わたし》は出雲《いずも》大社《たいしゃ》に仕える巫女《みこ》だ」と名乗ったことから、出雲阿国《いずものおくに》と呼《よ》ばれるようになったとされる。

実際《じっさい》に阿国《おくに》の存在《そんざい》が世に出たのは1582年、奈良《なら》の春日大社若宮殿《かすがたいしゃわかみやでん》で国《くに》という名の幼《おさな》い女芸人が「ややこ踊《おど》り」を踊《おど》ったという『多聞《たもん》院《いん》日記』の中の出来事が最初だとされている。

その6年後、出雲大社《いずもたいしゃ》の女神子《おんなみこ》が踊《おど》ったと『言継卿記《ことつぐきょうき》』に記されており、これも阿国《おくに》のことだと推測《すいそく》されている。

京で人の目を引くため、歌舞伎踊《かぶきおど》りを誕生《たんじょう》させる

1600年、『時慶卿記《ときよしきょうき》』にて、芸能《げいのう》の聖地《せいち》・京都で「国《くに》」がややこ踊《おど》りを演《えん》じたとある。

この当時の京都では大道芸が中心だったが、阿国《おくに》は劇場《げきじょう》のような小屋を作り、屋内で舞台《ぶたい》を披露《ひろう》してみせると、大変な評判《ひょうばん》を呼《よ》んだ。

さらに、京の人々の目を引くために、阿国《おくに》は踊《おど》りにストーリー性《せい》や、当時の流行であったキリシタン風俗《ふうぞく》や、奇抜《きばつ》で豪華《ごうか》な衣装《いしょう》を身に着ける傾《かぶ》き者《もの》といった華《はな》やかな桃山文化《ももやまぶんか》の要素《ようそ》を取《と》り込《こ》んでいった。

ある舞台《ぶたい》では、美貌《びぼう》の伊達男《だておとこ》の亡霊《ぼうれい》役を男《だん》装姿《そうすがた》の阿国《おくに》が、その亡霊《ぼうれい》に相対《あいたい》する阿国《おくに》役を女装《じょそう》した男性芸人《だんせいげいにん》が演《えん》じてみせたという。

舞台《ぶたい》上の阿国《おくに》はまさに傾《かぶ》き者《もの》で、阿国《おくに》の踊《おど》りは「歌舞伎踊《かぶきおど》り」と称《しょう》されるようになる。

その後、成功した阿国《おくに》にあやかろうと、阿《お》国《くに》の名前をかたる者も現《あらわ》れた。

1607年、徳川家康《とくがわいえやす》に舞台《ぶたい》を披露《ひろう》した説もあるが晩年《ばんねん》の消息は不明で、36歳《さい》で急死したとも尼《あま》になり87歳《さい》まで生きたともいわれている。

なでしこが生きた時代

「踊《おど》り」は民衆《みんしゅう》が祭りなどで踊《おど》って楽しむものであるのに対し、「舞《まい》」は神や貴族《きぞく》の前で披露《ひろう》するものと区別されていた。だが、「踊《おど》り」をもとにする「歌舞伎踊《かぶきおど》り」が貴族《きぞく》の前でも演《えん》じられるようになると、女歌舞伎《おんなかぶき》や若衆歌舞伎《わかしゅうかぶき》に発展《はってん》し、人気になる。

その後、どちらも風紀を乱《みだ》すとして禁止《きんし》され、残ったのは男性《だんせい》のみで行う「野郎歌舞伎《やろうかぶき》」だった。これが演劇《えんげき》へ発展《はってん》し、現存《げんぞん》する歌舞伎《かぶき》になった。

天下人・秀吉《ひでよし》に溺愛《できあい》された悲運の養女

豪《ごう》姫《ひめ》

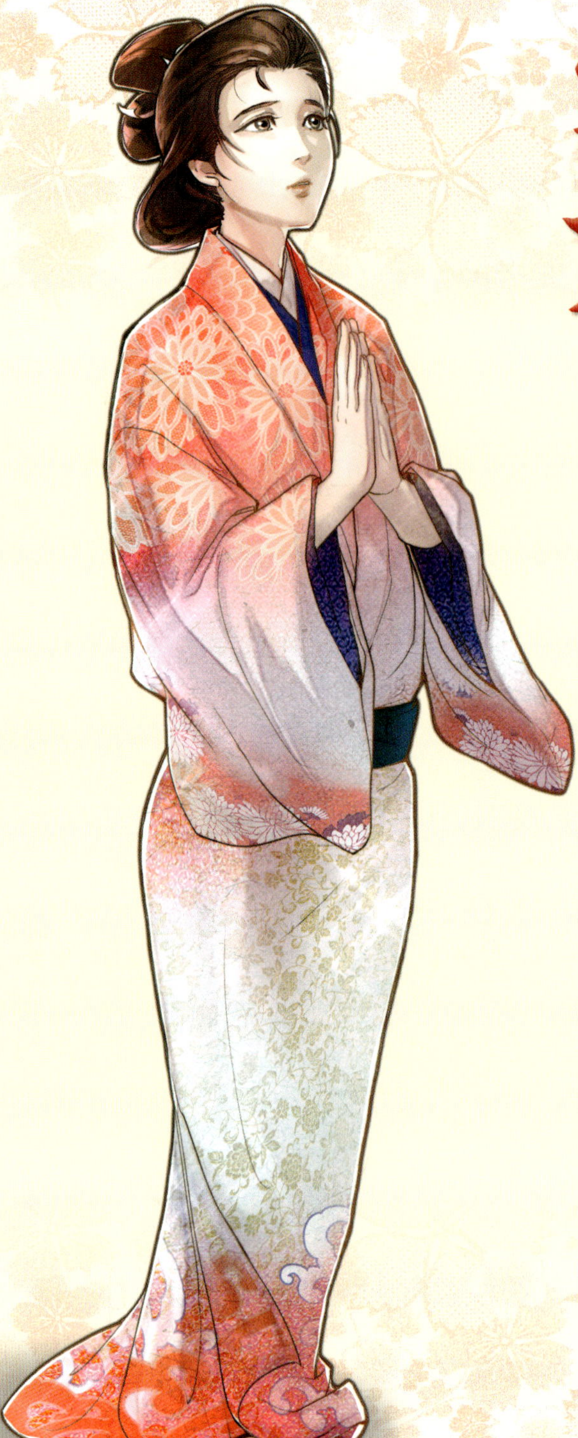

豪《ごう》姫《ひめ》の一生

生没年《せいぼつねん》
1574～1634年
(享年《きょうねん》:61歳《さい》)

養父に愛され　何不自由ない幸せな人生

1574年、前田利家《まえだとしいえ》とまつの間に生まれる。だが、豪姫《ごうひめ》が生まれる前に利家《としいえ》と豊臣秀吉《とよとみひでよし》の間に交わされた約束により、豪姫《ごうひめ》は秀吉《ひでよし》のもとに養子へ出される。

天下人になった秀吉《ひでよし》に「豪《ごう》が男なら後を継《つ》がせたい」とまで言わせたほどに溺愛《できあい》され、何の不自由もない華《はな》やかな生活を送る。

1588年、豪姫《ごうひめ》と同じく秀吉《ひでよし》のもとで養われ、兄妹同然に育った宇喜多秀家《うきたひでいえ》と結婚《けっこん》。秀《ひで》吉《よし》にもらった大坂《おおさか》の屋敷《やしき》で新婚《しんこん》生活を送る。

秀家《ひでいえ》との間に男子３人と女子１人に恵《めぐ》まれ幸せな日々を送っていたが、秀吉《ひでよし》の死後、その人生は大きく崩《くず》れることになった。

関ヶ原《せきがはら》での敗戦　どん底にたたき落とされた後半生

若《わか》くして豊臣政権《とよとみせいけん》の五大老《ごたいろう》になった秀家《ひでいえ》だが、1600年に起きた関ヶ原《せきがはら》の戦《たたか》いで秀家《ひでいえ》が与《くみ》した西軍は、徳川家康《とくがわいえやす》率《ひき》いる東軍に敗北。

豪姫《ごうひめ》は逃《に》げのびた秀家《ひでいえ》と再会《さいかい》できたが、財《ざい》産《さん》や家臣など、二人はすべてを失った。

秀家《ひでいえ》は息子たちと共に八丈島《はちじょうじま》へ流刑《るけい》が決まり、豪姫《ごうひめ》は娘《むすめ》と共に金沢《かなざわ》の弟・前田利常《まえだとしつね》のもとに置かれることになった。

利常《としつね》に温かく迎《むか》え入《い》れてもらったとはいえ、慣《な》れない寒い地で、流人《るにん》の妻《つま》として暮《く》らすのはつらい思いを抱《いだ》かせた。

それでも再婚《さいこん》することなく、豪姫《ごうひめ》は米や食料、金子《きんす》などを八丈島《はちじょうじま》の秀家《ひでいえ》に送り続けた。

金沢《かなざわ》で失意の日々を送る豪姫《ごうひめ》だったが、キリシタン大名の高山右近《たかやまうこん》と出会い、キリスト教徒になる。この時、マリアという洗礼《せんれい》名をもらう。

夫や子たちの無事を祈《いの》り、八丈島《はちじょうじま》から無事帰ってこられるよう神に願い続けたが、結局、秀家《ひでいえ》と二度と会うことはできないまま、61歳《さい》で病死する。

夫の秀家《ひでいえ》は、豪姫《ごうひめ》の死後21年を生きたが、八丈島《はちじょうじま》から出ることがかなわず84歳《さい》で病死。

一人娘《むすめ》も二人の夫と死別した後、豪姫《ごうひめ》よりも早くに亡《な》くなった。華《はな》やかな前半生を送っていただけに、豪姫《ごうひめ》とその家族にふりかかった運命は過酷《かこく》さを増《ま》したのではないだろうか。

なでしこたちの秘話《ひわ》

豪姫《ごうひめ》を大変かわいがった秀吉《ひでよし》だが、その溺愛《できあい》ぶりを表す話の数々が残されている。

豪姫《ごうひめ》が24歳《さい》の時。重い熱病にかかった豪姫《ごうひめ》は名医に「キツネに取《と》り憑《つ》かれたせいだ」と診断《しんだん》された。

これを聞いた秀吉《ひでよし》は、豪姫《ごうひめ》を苦しめるキツネに対し激《はげ》しく怒《いか》り、伏見《ふしみ》の稲荷大明神《いなりだいみょうじん》に公的な書状《しょじょう》を届《とど》けた。その内容《ないよう》は「日本中のキツネを退治《たいじ》する」ということを、大真面目に記したものだったのだ。

強大な権力《けんりょく》を持った、3代将軍《しょうぐん》の乳母《うば》

春日局《かすがのつぼね》

（斎藤福《さいとうふく》／麟祥院《りんしょういん》）

春日局《かすがのつぼね》の一生

生没年《せいぼつねん》
1579～1643年
(享年《きょうねん》:65歳《さい》)

裏切《うらぎ》り者の娘《むすめ》が将軍《しょうぐん》の子の乳母《うば》へ

明智光秀《あけちみつひで》の重臣・斎藤利三《さいとうとしみつ》の子、お福《ふく》として誕生《たんじょう》。本能寺《ほんのうじ》で織田信長《おだのぶなが》を襲《おそ》った罪《つみ》により父が斬首《ざんしゅ》された後、稲葉重通《いなばしげみち》の養女になる。

二十歳《はたち》の頃《ころ》に重通《しげみち》の養子・稲葉正成《いなばまさなり》の後妻《ごさい》になり、３男２女を産む。

仕えていた小早川秀秋《こばやかわひであき》が没落《ぼつらく》し、正成《まさなり》は浪《ろう》人《にん》になるが酒と女におぼれてしまう。気性《きしょう》の激《はげ》しかったお福《ふく》はこれに激怒《げきど》し、相手の女を刺《さ》して出奔《しゅっぽん》、正成《まさなり》と離縁《りえん》したとされる。

京で将軍家《しょうぐんけ》の乳母《うば》を募集《ぼしゅう》する高札《こうさつ》を見たお福《ふく》はこれに志願《しがん》。面接官《めんせつかん》の推薦《すいせん》を受けて、江《え》戸城《どじょう》大奥《おおおく》におもむいた。

そして、1604年に徳川《とくがわ》２代将軍《しょうぐん》・徳川秀《とくがわひで》忠《ただ》と江姫《ごうひめ》の間に長男・竹千代《たけちよ》が生まれると、彼《かれ》の乳母《うば》となり献身的《けんしんてき》に仕えた。

家光《いえみつ》との絆《きずな》とそれを背景《はいけい》にした巨大《きょだい》な権力《けんりょく》

竹千代《たけちよ》の弟・国松《くにまつ》が生まれると、秀忠《ひでただ》と江《ごう》姫《ひめ》は国松《くにまつ》を溺愛《できあい》し、次の将軍《しょうぐん》は国松《くにまつ》と考えた。

これを憂《うれ》えたお福《ふく》は伊勢神宮《いせじんぐう》に参るとうそをつき、静岡《しずおか》の駿府城《すんぷじょう》で隠居《いんきょ》する秀忠《ひでただ》の父・徳川家康《とくがわいえやす》のもとへ向かった。そして、竹千代《たけちよ》を跡継《あとつ》ぎにするよう直訴《じきそ》する。

お福《ふく》の訴《うった》えを聞いた家康《いえやす》は江戸城《えどじょう》を訪《おとず》れ、竹千代《たけちよ》が跡継《あとつ》ぎであることを宣言《せんげん》した。

1623年、竹千代《たけちよ》が３代将軍《しょうぐん》・徳川家光《とくがわいえみつ》になる。そして、1626年に江姫《ごうひめ》が死去すると、お福《ふく》は江姫《ごうひめ》に代わって大奥《おおおく》を取り仕切り、大きな権力《けんりょく》を持つようになった。

1629年、後水尾天皇《ごみずのおてんのう》の真意を探《さぐ》るという幕《ばく》府《ふ》の意向を受けて、お福《ふく》は後水尾天皇《ごみずのおてんのう》に拝謁《はいえつ》。

実は、朝廷《ちょうてい》に入ることのできる身分ではなかったお福《ふく》だが、公家《くげ》・三条西実条《さんじょうにしさねえだ》の義理《ぎり》の妹ということにして拝謁《はいえつ》を強行した。

後水尾天皇《ごみずのおてんのう》はお福《ふく》に春日局《かすがのつぼね》の称号《しょうごう》を授《さず》けたが、天皇《てんのう》にとっては屈辱的《くつじょくてき》な出来事だった。

春日局《かすがのつぼね》の持つ権力《けんりょく》と影響力《えいきょうりょく》は増《ま》し、元夫・正成《まさなり》は大名、息子の正勝《まさかつ》は老中《ろうじゅう》など、春日局《かすがのつぼね》と縁《えん》のある者たちが幕府《ばくふ》に登用されていった。

65歳《さい》で病死したと伝わる。春日局《かすがのつぼね》を慕《した》う家光《いえみつ》が何度も見舞《みま》いに訪《おとず》れたとされ、春日局《かすがのつぼね》にとって幸せな晩年《ばんねん》であっただろう。

なでしこたちの秘話《ひわ》

春日局《かすがのつぼね》の家光《いえみつ》に対する愛情《あいじょう》はゆるぎなく、それを証明《しょうめい》するエピソードがある。

家光《いえみつ》が天然痘《てんねんとう》にかかってしまった時、春日局《かすがのつぼね》は「自分は生涯《しょうがい》薬を断《た》ち、針《はり》・お灸《きゅう》も断《た》つ。その代わり家《いえ》光《みつ》を助けてほしい」と神々に祈《いの》った。

この神との約束を春日局《かすがのつぼね》は一生守り通し、晩年《ばんねん》、病に倒《たお》れた時には、家光《いえみつ》のすすめる薬をこばみ、飲まなかったとされる。

朝《ちょう》廷《てい》と幕《ばく》府《ふ》の間にはさまれた将《しょう》軍《ぐん》の娘《むすめ》

東《とう》福《ふく》門《もん》院《いん》（徳《とく》川《かわ》和《まさ》子《こ》）

東福門院《とうふくもんいん》の一生

生没年《せいぼつねん》
1607～1678年
(享年《きょうねん》:72歳《さい》)

天皇《てんのう》の妻《つま》となることを定められた人生

徳川《とくがわ》2代将軍《しょうぐん》・徳川秀忠《とくがわひでただ》と浅井長政《あざいながまさ》の娘《むすめ》・江姫《ごうひめ》の間に生まれる。幼名《ようみょう》は和子《まさこ》。

和子《まさこ》の人生は、生まれる前から祖父《そふ》である徳川家康《とくがわいえやす》によって決められていた。

朝廷《ちょうてい》を支配下《しはいか》へ置こうと考えていた幕府《ばくふ》は、1615年に禁中並公家諸法度《きんちゅうならびにくげしょはっと》を定めた。

これは朝廷《ちょうてい》や公家《くげ》への統制《とうせい》を強化する規定《きてい》で、朝廷《ちょうてい》は残されたわずかな権限《けんげん》も幕府《ばくふ》に奪《うば》われる形になった。

さらに、支配《しはい》を完全なものにするために、家康《いえやす》は孫である和子《まさこ》を御水尾天皇《ごみずのおてんのう》に嫁《とつ》がせ、生まれた子どもに皇位《こうい》を継《つ》がせるという計画を立てる。

家康《いえやす》の計画通り、14歳《さい》になった和子《まさこ》は後《ご》水尾天皇《みずのおてんのう》と結婚《けっこん》。

当然、幕府《ばくふ》から送《おく》り込《こ》まれる形で御所《ごしょ》に入った花嫁《はなよめ》に向けられる朝廷《ちょうてい》の者たちの視線《しせん》は冷たいものであった。

そんな和子《まさこ》を支《ささ》え守ったのが、後水尾天皇《ごみずのおてんのう》の母・中和門院《ちゅうわもんいん》だったと言われている。

幕府《ばくふ》と朝廷《ちょうてい》で翻弄《ほんろう》され続けた半生

1623年に、和子《まさこ》と後水尾天皇《ごみずのおてんのう》の間に娘《むすめ》の興子内親王《おきこないしんのう》が生まれる。夫婦《ふうふ》仲は悪くはなかったが、干渉《かんしょう》を強める幕府《ばくふ》に対する後水尾《ごみずのお》天皇《てんのう》のうっぷんはたまり続けていた。

幕府《ばくふ》は天皇《てんのう》の持つ僧侶《そうりょ》への紫衣《しえ》着用許可《きょか》の権限《けんげん》を制限《せいげん》していた。これは朝廷《ちょうてい》と寺院勢力《せいりょく》の分断《ぶんだん》を目的とした命令だったが、後水尾天《ごみずのおてん》皇《のう》は無視《むし》して紫衣《しえ》を与《あた》えた。1627年に幕府《ばくふ》がこれを無効《むこう》としたことで紫衣事件《しえじけん》と呼《よ》ばれる事態に発展《はってん》。度重なる幕府《ばくふ》の無礼に嫌気《いやけ》がさした後水尾天皇《ごみずのおてんのう》は、幕府《ばくふ》に無断《むだん》で退位《たいい》を宣《せん》言《げん》し、天皇《てんのう》の座《ざ》を興子内親王《おきこないしんのう》に譲《ゆず》った。

娘《むすめ》が歴代《れきだい》7人目の女帝《じょてい》・明正天皇《めいしょうてんのう》となり、和子《まさこ》は皇太后《こうたいごう》として東福門院《とうふくもんいん》の院号《いんごう》を授《さず》かる。

その後は、幕府《ばくふ》の財政援助《ざいせいえんじょ》を支《ささ》えに宮中の財政《ざいせい》管理や、宮廷《きゅうてい》文化の発展《はってん》に貢献《こうけん》。

さらに、以後3代の天皇《てんのう》の養母となり、幕《ばく》府《ふ》と朝廷《ちょうてい》の関係の調整に努め続けた。

当時としては異例《いれい》の長寿《ちょうじゅ》をほこった東福門《とうふくもん》院《いん》は、72歳《さい》でその生涯《しょうがい》を閉《と》じた。

なでしこたちの秘話《ひわ》

後水尾天皇《ごみずのおてんのう》との結婚《けっこん》のため、江戸《えど》から20日かけて旅をし、京の二条城《にじょうじょう》へ入った東福門院《とうふくもんいん》。

二条城《にじょうじょう》から御所《ごしょ》までの花嫁《はなよめ》行列は、幕府《ばくふ》の威信《いしん》をかけた盛大《せいだい》なものだった。

雅楽《ががく》を奏《かな》でる45人の楽人《がくじん》に先導《せんどう》され、豪華《ごうか》な馬車に乗った東福門院《とうふくもんいん》に、馬に乗った公家《くげ》や武将《ぶしょう》たち約5000人の列が続いた。前代未聞の花嫁《はなよめ》行列は多くの見物人の視線《しせん》を集めたという。

ジャガタラに追放された、
悲劇《ひげき》の混血《こんけつ》少女

ジャガタラお春《はる》

ジャガタラお春《はる》の一生

生没年《せいぼつねん》
1625～1697年
(享年《きょうねん》:73歳《さい》)

故郷《こきょう》を追われた悲しみを文《ふみ》にたくして

イタリア人航海士の父、ニコラス・マリンと日本人女性《じょせい》の間に生まれたお春《はる》は、幼《おさな》い頃《ころ》に父を亡《な》くし、母親の再婚《さいこん》先で育つ。

平穏《へいおん》に暮《く》らしていたお春《はる》だったが、江戸幕《えどばく》府《ふ》の鎖国令《さこくれい》によって混血児《こんけつじ》だったお春《はる》は日本から追放されることになった。

この時、同じ混血児《こんけつじ》であった姉だけでなく、母もいっしょに追放される。

お春《はる》たちが乗せられたオランダ船ブレダ号《ごう》にはお春《はる》たちのほかに、オランダ人とその日本人妻《づま》、混血児《こんけつじ》たち30名ほどが同乗し、当時オランダの植民地であったジャガタラ（現《げん》在《ざい》のジャカルタ）に送られる。

ジャガタラに着いたお春《はる》たちだが、その後も幕府《ばくふ》の日本人海外渡航《とこう》帰国禁令《きんれい》によって日本に帰ることは許《ゆる》されなかった。

お春《はる》と同じ境遇《きょうぐう》にあったジャガタラの日本人たちは歓迎《かんげい》してくれたが、まだ多感な年頃《としごろ》だったお春《はる》は故郷《こきょう》に戻《もど》れないことに苦しみ、悲しみに暮《く》れることになった。

お春《はる》の抱《いだ》いた悲しみは、日本の友人に送った文《ふみ》で確認《かくにん》することができる。

「あら日本恋《こい》しや、ゆかしや、見たや見たや見たや」

「ジャガタラ文《ぶみ》」として現存《げんそん》するいくつかのお春《はる》の手紙には、異国《いこく》に追放された悲しみや、帰郷《ききょう》への切なる願いがつづられている。

新しい家族と幸せに暮《く》らしてもうまることのない心の隙間《すきま》

ジャガタラに送られてから6年後、お春《はる》は平戸《ひらど》生まれのオランダ人、シモン・シモンセンと結婚《けっこん》し、名前をジェロニマ・マリナに改名した。

シモンは東《ひがし》インド会社《がいしゃ》に勤《つと》め、引退《いんたい》後には手広く貿易業《ぼうえきぎょう》を営《いとな》み、大成功を収《おさ》める。

夫婦《ふうふ》は4男3女にも恵《めぐ》まれ、お春《はる》は幸せな暮《く》らしを送ることができた。

しかし、1672年にシモンが急死し、晩年《ばんねん》には、子どもたち全員に先立たれ、お春《はる》の周りにいるのは3人の孫だけになった。

そして、生まれ故郷《こきょう》の地を再《ふたた》びふむ日が訪《おとず》れることなく、73歳《さい》でこの世を去った。

なでしこたちの秘話《ひわ》

お春《はる》の残した手紙として、ジャガタラ文《ぶみ》を紹介《しょうかい》したが、実は別人による創作《そうさく》だとする説がある。

天文・地理学者の西川如見《にしかわじょけん》の著作《ちょさく》『長崎夜話草《ながさきやわぐさ》』の中でお春《はる》の手紙の内容《ないよう》が紹介《しょうかい》され、これによりお春《はる》の存在《そんざい》は日本で知られるようになった。

しかし、故郷《こきょう》への想いを切々と語るその文章があまりに名文であったため、現在《げんざい》では如見《じょけん》の創作《そうさく》だと疑《うたが》われているのだ。

玉《たま》の輿《こし》に乗った「犬《いぬ》公《く》方《ぼう》」の母

桂《けい》昌《しょう》院《いん》（お玉《たま》／お玉《たま》の方《かた》／三《さんの》丸《まる》殿《どの》）

桂《けい》昌《しょう》院《いん》の一生

生没年《せいぼつねん》
1627～1705年
(享年《きょうねん》:79歳《さい》)

町人から将軍《しょうぐん》の母へ　異例《いれい》の大出世

1627年、京で八百屋《やおや》を営《いとな》む仁左衛門《にざえもん》の娘《むすめ》として生まれる。

3代将軍《しょうぐん》・徳川家光《とくがわいえみつ》の側室《そくしつ》・お万《まん》の方《かた》に小《こ》姓《しょう》として仕え、その後、家光《いえみつ》の側室《そくしつ》となり、二十歳《はたち》の時に5代将軍《しょうぐん》となる徳川綱吉《とくがわつなよし》を産む。

もともと町娘《まちむすめ》だった引け目から、大奥《おおおく》の中で熱心に勉強し、教養を身につけていった。息子に対しても教育熱心であり、綱吉《つなよし》はその影響《えいきょう》で学問好きに育った。

1651年に家光《いえみつ》が死去すると仏門《ぶつもん》に入り、桂昌院《けいしょういん》と名乗る。この時、綱吉《つなよし》には4代将《しょう》軍《ぐん》・家綱《いえつな》をふくめ二人の兄がいたが、両者共病死し、綱吉《つなよし》は将軍《しょうぐん》の座《ざ》に就《つ》くことになる。綱吉《つなよし》を将軍《しょうぐん》にするため、桂昌院《けいしょういん》が何か策略《さくりゃく》をめぐらせたということはなかったようだ。

たまたま「運よく」八百屋《やおや》の娘《むすめ》から、当時の女性《じょせい》にとって最高の地位である将軍《しょうぐん》の母にまで出世した桂昌院《けいしょういん》の人生は、桂昌院《けいしょういん》の名前の一つ、「お玉《たま》」からあやかり、「玉《たま》の輿《こし》に乗る」という表現《ひょうげん》を生んだともいわれている。

母の想いから生まれた　天下の悪法

将軍《しょうぐん》の母という、大きな権力《けんりょく》を持つ立場になった桂昌院《けいしょういん》が特に力を入れたのは、1467年に起きた応仁《おうにん》の乱《らん》で焼きはらわれた寺院の復興《ふっこう》など、公共事業だった。

桂昌院《けいしょういん》の信心深さを表す行動だが、その信心深さが、悪法「生類憐《しょうるいあわれ》みの令《れい》」を生むきっかけになってしまう。

世継《よつ》ぎに恵《めぐ》まれなかった綱吉《つなよし》を心配した桂《けい》昌院《しょういん》は、悪僧《あくそう》・隆光《たかみつ》の「世継《よつ》ぎが生まれないのは前世で多くの命を奪《うば》ったせい。綱吉《つなよし》は戌《いぬ》年《どし》なので、犬を大事にすると子どもを授《さず》かる」という言葉を信じてしまう。これを綱吉《つなよし》に進言し生まれたのが、動物を大事にしないと厳《げん》罰《ばつ》に処《しょ》される「生類憐《しょうるいあわれ》みの令《れい》」だった。

しかし、その後も綱吉《つなよし》が世継《よつ》ぎに恵《めぐ》まれることはなく、次兄・徳川綱重《とくがわつなしげ》の子・徳川家宣《とくがわいえのぶ》を養子に取ることになった。

桂昌院《けいしょういん》は79歳《さい》で死去し、綱吉《つなよし》も母の死の4年後に命を落とす。そして、「生類憐《しょうるいあわれ》みの令《れい》」は次代将軍《しょうぐん》の家宣《いえのぶ》により、即座《そくざ》に廃止《はいし》された。

なでしこたちの秘話《ひわ》

綱吉《つなよし》が発した「生類憐《しょうるいあわれ》みの令《れい》」で初めて死刑《しけい》となったのは、病気の我《わ》が子《こ》のためツバメを吹《ふ》き矢《や》で殺した男だった。ツバメが病気によく効《き》く薬になると聞いたための行動だったが、このことが発覚すると病気の子ども共々死罪《しざい》が下されることになった。

その後も、この悪法による犠牲者《ぎせいしゃ》は続き、綱吉《つなよし》は「犬公方《いぬくぼう》」と呼《よ》ばれ、町民たちから不満を向けられることになった。

恋人《こいびと》に会うために放火した町娘《まちむすめ》

八百屋《やおや》お七《しち》

八百屋《やおや》お七《しち》の一生

生没年《せいぼつねん》
不明～1683年
(享年《きょうねん》:不明)

運命の恋人《こいびと》との出会いとつら過《す》ぎる別れ

江戸《えど》の本郷駒込《ほんごうこまごめ》（現在《げんざい》の東京都文京区本駒《ほんこま》込《ごめ》）で八百屋《やおや》を営《いとな》む太郎兵衛《たろべえ》の娘《むすめ》として誕生《たんじょう》。

1682年に起きた駒込大円寺《こまごめだいえんじ》を火元とした大火事は、75の大名屋敷《だいみょうやしき》と95の寺社を燃《も》やし、焼失した家屋は5万2千戸、焼死者は3500人を超《こ》えた。

この火事で家を焼かれたお七《しち》一家は寺に避《ひ》難《なん》。この時に、お七《しち》は寺で働く生田庄之助《いくたしょうのすけ》と運命の出会いを遂《と》げた。

お七《しち》は自分と同じ年齢《ねんれい》の庄之助《しょうのすけ》に一目ぼれし、その後、二人は恋仲《こいなか》になる。

だが、新しい家が完成し、お七《しち》は庄之助《しょうのすけ》と別れなくてはならなくなった。

つらい別れをして家に戻《もど》ったお七《しち》は、庄之《しょうの》助《すけ》への想いを募《つの》らせる一方だった。

そして「もう一度火事が起きて寺に避難《ひなん》できれば庄之助《しょうのすけ》に会える」という妄想《もうそう》を抱《いだ》くようになる。

翌年《よくねん》、思いつめたお七《しち》は、ついに実家に火をつけた。幸いなことに火事はぼや程度《ていど》で済《す》んだが、放火の罪《つみ》でお七《しち》は捕《とら》えられてしまう。

一途《いちず》な恋《こい》ゆえの過《あやま》ちが悲劇的《ひげきてき》な結末へ

当時の日本では、放火は死罪《しざい》にあたる重《じゅう》罪《ざい》だった。15歳《さい》以下なら島流しで済《す》んだが、その時、お七《しち》の年齢《ねんれい》は16を超《こ》えていた。

取調べをした奉行《ぶぎょう》はお七《しち》に同情《どうじょう》し、わざと「15歳《さい》だな」と確認《かくにん》したが、お七《しち》は正直に年《ねん》齢《れい》を答えてしまい、死罪《しざい》を免《まぬが》れることができなかった。

1683年の3月、鈴ヶ森刑場《すずがもりけいじょう》でお七《しち》は火あぶりの刑《けい》を受け、若《わか》くしてこの世を去った。

ただ、お七《しち》のエピソードには様々な異説《いせつ》がある。特に内容《ないよう》が異《こと》なるのは、ならず者の吉《きち》三郎《さぶろう》とのエピソードだ。

お七《しち》は恋人《こいびと》への手紙を吉三郎《きちさぶろう》にお金を払《はら》って運ばせていた。しかし、お七《しち》がお金を払《はら》えなくなってしまうと、吉三郎《きちさぶろう》は火事場泥棒《どろぼう》をくわだて、お七《しち》をそそのかして放火させたというものだ。

お七《しち》は捕《とら》えられて死罪《しざい》、吉三郎《きちさぶろう》も同罪《どうざい》としてお七《しち》と同じ火あぶりの刑《けい》を受けたとされる。

なでしこたちの秘話《ひわ》

お七《しち》の死から3年後、江戸時代《えどじだい》の作家・井原西鶴《いはらさいかく》が執筆《しっぴつ》した『好色五人女《こうしょくごにんおんな》』の中の一編《ぺん》として取り上げられ、お七《しち》は有名になる。

その後、歌舞伎《かぶき》や浄瑠璃《じょうるり》でも題材となり、大坂嵐《おおさかあらし》三右衛門座《さんえもんざ》の歌舞伎《かぶき》『お七歌祭文《しちうたさいもん》』では、女形・嵐《あらし》喜世三郎《きよさぶろう》の演《えん》じた可憐《かれん》な姿《すがた》が評判《ひょうばん》を呼《よ》ぶ。だが、有名になり過《す》ぎた結果、お七《しち》が放火していない1682年の大火が「お七火事《しちかじ》」と呼《よ》ばれるようになった。

絵《え》島《じま》

（みよ／江《え》島《じま》）

大《おお》奥《おく》最大の事《じ》件《けん》を引き起こした悲運の奥《おく》女《じょ》中《ちゅう》

絵島《えじま》の一生

生没年《せいぼつねん》
1681～1741年
(享年《きょうねん》:61歳《さい》)

将軍《しょうぐん》の母に気に入られた大奥《おおおく》の才媛《さいえん》

絵島《えじま》は６代将軍《しょうぐん》・徳川家宣《とくがわいえのぶ》の側室《そくしつ》にして、７代将軍《しょうぐん》・徳川家継《とくがわいえつぐ》の母・月光院《げっこういん》に仕えた。

家宣《いえのぶ》が将軍《しょうぐん》の跡継《あとつ》ぎとなり江戸城《えどじょう》に移《うつ》ると、絵島《えじま》も月光院《げっこういん》に付《つ》き従《したが》い、江戸城大奥《えどじょうおおおく》へ移《うつ》る。

月光院《げっこういん》に気に入られていた絵島《えじま》は重用され、大奥《おおおく》の中でも並《なら》ぶ者のいない立場になり、権力をにぎった。

1714 年、家宣《いえのぶ》の命日。月光院《げっこういん》の代理として家宣《いえのぶ》がまつられている芝増上寺《しばぞうじょうじ》に参拝《さんぱい》。

その帰り、お供《とも》の者と芝居《しばい》小屋の山村座《やまむらざ》へ芝居《しばい》見物に寄《よ》り、そのせいで帰城《きじょう》が遅《おく》れてしまった。しかし、ささいな門限破《もんげんやぶ》りが引き起こした事件《じけん》は、驚《おどろ》くほど大きなものになった。

関係者 1000 人以上に処罰《しょばつ》 歌舞伎《かぶき》役者との一大スキャンダル

山村座《やまむらざ》の人気歌舞伎《かぶき》役者・生島新五郎《いくしましんごろう》との密通《みっつう》を疑《うたが》われた絵島《えじま》には流刑《るけい》が下った。取り調べで最後まで新五郎《しんごろう》との関係を否定《ひてい》したが、絵島《えじま》の訴《うった》えは聞《き》き届《とど》けられなかった。

生島新五郎《いくしましんごろう》や山村座《やまむらざ》の責任者《せきにんしゃ》も流刑《るけい》になり、山村座《やまむらざ》は廃絶《はいぜつ》。そして、絵島《えじま》の兄という説がある白井平右衛門《しらいへいえもん》には死罪《しざい》が言《い》い渡《わた》された。

そのほか、大奥《おおおく》の女中や大奥《おおおく》と関係を持つ医師《いし》や商人など 1000 人以上に処罰《しょばつ》が下り、「絵島生島事件《えじまいくしまじけん》」と呼《よ》ばれる大事件《だいじけん》となった。

事件《じけん》の裏《うら》には、家継《いえつぐ》の母として権勢《けんせい》をふるっていた月光院《げっこういん》とそれに反感を持つ幕府首《ばくふしゅ》脳部《のうぶ》の対立や、前将軍《しょうぐん》・家宣《いえのぶ》の正妻《せいさい》・天英院《てんえいいん》と側室《そくしつ》の月光院《げっこういん》の対立などがあり、絵島《えじま》は権《けん》力《りょく》争いに巻《ま》き込《こ》まれ、犠牲《ぎせい》になったのではないか、という見方もある。

絵島《えじま》は流刑《るけい》に処《しょ》され、信濃国高遠《しなののくにたかとお》（現在《げんざい》の長野県伊那市《いなし》高遠町）まで送られた。

屋敷《やしき》から出ることができず、衣類は木綿《もめん》の着物と布帷子《ぬのかたびら》のみ。寒い冬でも暖房《だんぼう》器具は火《ひ》鉢《ばち》たった一つ。手紙を書くことも許《ゆる》されない、まさに牢獄《ろうごく》のような環境《かんきょう》に置かれた。

そして、流刑《るけい》から 27 年後《ねんご》、61 歳《さい》で死没《しぼつ》する。

大奥《おおおく》最高の権力者《けんりょくしゃ》と人気歌舞伎《かぶき》役者による、スキャンダラスな悲劇《ひげき》は、後世で多くの劇作《げきさっ》家《か》の興味《きょうみ》を引き、「絵島生島事件《えじまいくしまじけん》」を題材にした劇《げき》が何作も上演《じょうえん》された。

なでしこたちの秘話《ひわ》

流刑後《るけいご》、屋敷《やしき》内に軟禁《なんきん》され、外に出ることができなかったとされている絵島《えじま》だが、実はこっそり屋敷《やしき》をぬけ出していたという話もある。

残された話では、屋敷《やしき》から山を越《こ》えた先にある遠《おん》照寺《しょうじ》まで足をのばし、住職《じゅうしょく》と碁《ご》を打ったという。

屋敷《やしき》は厳重《げんじゅう》な警護《けいご》をされていて、女性《じょせい》がぬけ出せるものではなかった。伝説が本当なら、絵島《えじま》を哀《あわ》れに思った者たちがわざと見逃《みのが》したのだろう。

麻《ま》酔《すい》薬《やく》の研究に協力し、失明した良《りょう》妻《さい》

華《はな》岡《おか》加《か》恵《え》

華岡加恵《はなおかかえ》の一生

生没年《せいぼつねん》
1760～1827年
(享年《きょうねん》:68歳《さい》)

苦心する夫のため 自分の身を犠牲《ぎせい》に

紀伊国《きいのくに》名手市場《なていちば》村（現在《げんざい》の和歌山県名手市《なていち》場《ば》）の郷士《ごうし》の娘《むすめ》として誕生《たんじょう》。

加恵《かえ》の結婚《けっこん》相手となる華岡青洲《はなおかせいしゅう》は、紀伊国《きいのくに》出身の医師《いし》の子だった。青洲《せいしゅう》は 23 歳頃《さいごろ》に京都に出て、内科と外科を３年間学んだ。

加恵《かえ》との結婚《けっこん》はこの期間の後、1785 ～ 1788 年頃《ごろ》に故郷《こきょう》へ帰国した時とされる。

内科と外科を一体とした臨床《りんしょう》研究に取り組んでいた青洲《せいしゅう》は、外科の進歩のためには麻酔薬《ますいやく》が必要だと考え、研究を始める。

毒草や薬草を集めて調合して、麻酔薬《ますいやく》を作り出したが、作った薬が本当に効《き》くかは実際《じっさい》に使ってみないとわからない。

毒性《どくせい》が強ければ命の危険《きけん》もあり、青洲《せいしゅう》は使用をためらったが、加恵《かえ》は自ら実験台になることを申し入れた。青洲《せいしゅう》は悩《なや》んだ末に、加恵《かえ》に少しずつ薬を服用させていった。

青洲《せいしゅう》の望むような結果はなかなか出ず、実験を繰《く》り返《かえ》すうちに加恵《かえ》の視力《しりょく》はだんだんと落ちていき、ついには失明してしまう。

しかし、加恵《かえ》の協力の甲斐《かい》があり麻酔薬《ますいやく》・通仙散《つうせんさん》は完成に至《いた》った。

世界初の全身麻酔手術《ますいしゅじゅつ》成功 報《むく》われる夫婦《ふうふ》の努力

その後、青洲《せいしゅう》のもとに何人もの医者に見放された乳《にゅう》がんの老女が訪《おとず》れてきた。1804 年、青洲《せいしゅう》は手術《しゅじゅつ》を望む老女の願いを聞き、通仙散《つうせんさん》を使った乳《にゅう》がんの摘出手術《てきしゅつしゅじゅつ》を行い、成功。世界初の全身麻酔状態《ますいじょうたい》での手術《しゅじゅつ》例になった。

この手術《しゅじゅつ》の成功によって、青洲《せいしゅう》の名が知《し》れ渡《わた》り、多くの人々が青洲《せいしゅう》に助けを求めてくるようになった。だが、青洲《せいしゅう》は慢心《まんしん》することなく、自分の後を継《つ》ぐ医師《いし》を育てていく。

そして、失明した加恵《かえ》のために阿波《あわ》の人形芝居《しばい》を招《まね》いて浄瑠璃《じょうるり》を語り聞かせたり、世間話をする機会を多く作ったりと、加恵《かえ》をなぐさめ続けた。

失明後、人生 20 年間を盲目《もうもく》で過《す》ごした加《か》恵《え》は、68 歳《さい》でこの世を去った。

加恵《かえ》と青洲《せいしゅう》の人生は、昭和の小説家・有吉《ありよし》佐和子《さわこ》により『華岡青洲《はなおかせいしゅう》の妻《つま》』のタイトルで小説化。1967 年にはその小説が映画《えいが》化された。

なでしこたちの秘話《ひわ》

アメリカ・シカゴにある栄誉館《えいよかん》には、人類への貢《こう》献度《けんど》が高い科学者にまつわる品物が展示《てんじ》されている。

世界初の全身麻酔《ますい》による乳《にゅう》がん手術《しゅじゅつ》の成功者として青洲《せいしゅう》を描《えが》いた1枚《まい》の絵画が飾《かざ》られている。

ふとんに横たわる病床《びょうしょう》の加恵《かえ》と、彼女《かのじょ》を心配する青洲《せいしゅう》と青洲《せいしゅう》の母・於継《おつぎ》を描《えが》いたその絵は、外科の進歩のために、身を差し出したという加恵《かえ》の美談《びだん》を表《ひょう》現《げん》した１枚《まい》だといわれている。

日本で初めて西洋医学を学んだ産科女医

楠《くす》本《もと》いね

（稲《いね》／伊《い》禰《ね》／シーボルト・イネ）

楠《くす》本《もと》いねの一生

生没年《せいぼつねん》
1827～1903年
(享年《きょうねん》:77歳《さい》)

偉《い》大《だい》な父の影《えい》響《きょう》を受けて医《い》師《し》になる決意

長《なが》崎《さき》オランダ商館医《い》師《し》のフィリップ・フランツ・フォン・シーボルトと、遊女である楠《くす》本《もと》たきの間に生まれる。

シーボルト事件で父が国外追放になり、いねは母親の手で育てられた。その後、父の弟子・二《にの》宮《みや》敬《けい》作《さく》に預《あず》けられることになり、伊《い》予《よの》国《くに》（現《げん》在《ざい》の愛《え》媛《ひめ》県《けん》）宇《う》和《わ》島《じま》へおもむく。

女《じょ》性《せい》が学問を学ぶことをよしとしない時代であったが、父の偉《い》大《だい》さと学問の大切さを聞いて育ったいねは、学問で身を立てたいという想いを抱《いだ》く。

敬《けい》作《さく》に医学の基《き》礎《そ》を学び、次第にいねは産科医《い》師《し》を志《こころざ》すようになる。当時、男の医《い》師《し》に診《しん》察《さつ》されるのを嫌《いや》がり、多くの妊《にん》婦《ぷ》の命が失われていることを知ったためだった。

備《び》前《ぜんの》国《くに》岡《おか》山《やま》（現《げん》在《ざい》の岡《おか》山《やま》県《けん》東南部）に渡《わた》り、父の弟子であった石《いし》井《い》宗《そう》謙《けん》のもとで産科医《い》術《じゅつ》を学んだいねは宗《そう》謙《けん》との間に娘《むすめ》・タカを産む。

宗《そう》謙《けん》と別れた後、長《なが》崎《さき》や宇《う》和《わ》島《じま》で産科医《い》術《じゅつ》を学んだほか、オランダ人医《い》師《し》・ポンペやボードイン、マンスフェルトからはオランダ医学を学び、日本で初めて近代医《い》術《じゅつ》を身につけた産科女医となった。そして23歳《さい》の時、長《なが》崎《さき》で産科医院を開業したとされる。

男《だん》尊《そん》女《じょ》卑《ひ》の時代に優《ゆう》秀《しゅう》さを認《みと》められた女医として

オランダ語を教えてもらった大《おお》村《むら》益《ます》次《じ》郎《ろう》を追って上京。数人の刺《し》客《かく》に襲《おそ》われて益《ます》次《じ》郎《ろう》が重傷《じゅうしょう》を負った時は、いねが懸《けん》命《めい》な看《かん》護《ご》をしたものの、その甲《か》斐《い》もなく益《ます》次《じ》郎《ろう》は息を引き取った。

1870年には築《つき》地《じ》に産科医院を開業。

その後も産科医としての腕《うで》にみがきをかけ続けたいねは、福《ふく》沢《ざわ》諭《ゆ》吉《きち》の推《すい》薦《せん》を受けて、皇《こう》室《しつ》に仕える宮《く》内《ない》省《しょう》御《ご》用《よう》掛《がかり》になり、権《ごんの》典《てん》侍《じ》葉《は》室《むろ》光《みつ》子《こ》の出産を手伝った。

1875年、長《なが》崎《さき》に戻《もど》ったいねだが、再《ふたた》び上京し、麻《あざ》布《ぶ》に移《うつ》る。そして1903年、77歳《さい》でその生《しょう》涯《がい》を閉《と》じた。

女《じょ》性《せい》が正式に医《い》師《し》試験を受けられるようになる1884年まで、いねはただ一人西洋医《い》術《じゅつ》を習得した女《じょ》性《せい》医《い》師《し》であり、産科の権《けん》威《い》だった。

なでしこたちの秘《ひ》話《わ》

いねが3歳《さい》の時に日本を追放されたシーボルト。これは、シーボルトが日本での任《にん》期《き》を終え、オランダへ帰国する際《さい》に、国外への持ち出しを禁《きん》じられた日本地図などを持ち出そうとしていることを密《みっ》告《こく》されたため、帰国ではなく追放処《しょ》分《ぶん》にされたもの。

通称《つうしょう》・シーボルト事件の後、オランダに戻《もど》ったシーボルトだが、1858年に結ばれた日《にち》蘭《らん》修《しゅう》好《こう》通《つう》商《しょう》条《じょう》約《やく》により処《しょ》分《ぶん》は取り消され、再《さい》来日。いねと再会した。

配流《はいる》時代の西郷《さいごう》隆盛《たかもり》を支《ささ》えた一途《いちず》な妻《つま》

愛《あい》加《が》那《な》

（アイガナ／於《お》戸《と》間《ま》金《かね》）

愛加那《あいがな》の一生

生没年《せいぼつねん》
1837～1902年
(享年《きょうねん》:66歳《さい》)

西郷隆盛《さいごうたかもり》と出会い 短い結婚《けっこん》生活を送る

奄美大島《あまみおおしま》の有力者の娘《むすめ》として誕生《たんじょう》。15歳《さい》の頃《ころ》から、芭蕉布《ばしょうふ》や木綿《もめん》のあい染《ぞめ》の布《ぬの》などを織《お》り、働き者で美人と評判《ひょうばん》だった。

1859年、薩摩藩士《さつまはんし》・西郷隆盛《さいごうたかもり》が奄美大島《あまみおおしま》に配流《はいる》されてくる。最初、隆盛《たかもり》は島での生活になじめず、島民からも恐《おそ》れられていた。

しかし、仕事を手伝ってもらったり、子どもたちに菓子《かし》を与《あた》える姿《すがた》を見たりするうちに、愛加那《あいがな》は隆盛《たかもり》に好感を抱《いだ》くようになる。島民もだんだんと隆盛《たかもり》を慕《した》うようになり、隆盛《たかもり》が不自由しないように愛加那《あいがな》を世話役につけた。

同年、二人は結婚《けっこん》するが、薩摩藩《さつまはん》の掟《おきて》により、二人が夫婦《ふうふ》でいられるのは島の中だけ。愛加《あいが》那《な》は後の別離《べつり》を承知《しょうち》で結婚《けっこん》したのだった。

1861年には隆盛《たかもり》との間に菊次郎《きくじろう》が誕生《たんじょう》するが、同年に隆盛《たかもり》の罪《つみ》が許《ゆる》され、鹿児島《かごしま》に戻《もど》ることになった。隆盛《たかもり》は愛加那《あいがな》と菊次郎《きくじろう》を残して島を出る。この時、愛加那《あいがな》は2人目の子を宿しており、翌年《よくねん》に長女を生んだ。

隆盛《たかもり》とは4年に満たない結婚《けっこん》生活となった。

再会《さいかい》と別れを繰《く》り返《かえ》し 孤独《こどく》な最期《さいご》を迎《むか》える

薩摩《さつま》に戻《もど》った隆盛《たかもり》だが、再《ふたた》び配流《はいる》が決まり、徳之島《とくのしま》に送られる。徳之島《とくのしま》に行く船は奄美大《あまみおお》島《しま》を経由《けいゆ》したため、隆盛《たかもり》は愛加那《あいがな》に手紙を送る。「徳之島《とくのしま》に行くことになったが、わざわざ来る必要はない」という内容《ないよう》だったが、愛《あい》加那《がな》は二人の子どもを連れて、徳之島《とくのしま》を訪《おとず》れ、隆盛《たかもり》と再会《さいかい》。しかし、隆盛《たかもり》がすぐに沖之永良《おきのえら》部島《ぶじま》へ移動《いどう》することになったため、二人はまた別れることになった。

1864年、沖之永良部島《おきのえらぶじま》から鹿児島《かごしま》に戻《もど》る途中《とちゅう》、隆盛《たかもり》は奄美大島《あまみおおしま》に4日ほど立《た》ち寄《よ》っている。これ以降《いこう》、二人が出会うことはなかった。

その後、菊次郎《きくじろう》は9歳《さい》の時に、娘は14歳《さい》の時に鹿児島《かごしま》の西郷《さいごう》の家に引き取られていく。夫や子どもたちとも引《ひ》き離《はな》され、島で一人になった愛加那《あいがな》は、66歳《さい》でこの世を去る。

愛加那《あいがな》の生家《せいか》には、隆盛《たかもり》の遺髪《いはつ》が残されていた。これは、愛加那《あいがな》が隆盛《たかもり》の髪《かみ》の手入れの時にくしについた髪《かみ》を集めたもので、愛加那《あいがな》は生涯《しょうがい》大切に保存《ほぞん》していたのだろう。

なでしこたちの秘話《ひわ》

愛加那《あいがな》の葬式《そうしき》は盛大《せいだい》なものになり、参列者《さんれつしゃ》たち一人一人が花を持ち、彼女《かのじょ》を弔《とむら》った。しかし、そこには愛加那《あいがな》の二人の子どもたちの姿《すがた》はなかった。

娘が訪《おとず》れなかった理由は不明だが、菊次郎《きくじろう》は当時、台湾総督府《たいわんそうとくふ》に勤務《きんむ》していたため帰れなかったと推測《すいそく》できる。菊次郎《きくじろう》は愛加那《あいがな》に手紙を送ったり、1887年には奄美大島《あまみおおしま》に帰り、1年間共に暮《く》らしたりしており、母を大事に思っていたことは間違《まちが》いない。

坂本《さかもと》龍馬《りょうま》と婚約《こんやく》を交わした武家《ぶけ》の娘《むすめ》

千《ち》葉《ば》佐《さ》那《な》

（さな子《こ》／佐《さ》奈《な》）

千葉佐那《ちばさな》の一生

生没年《せいぼつねん》

不明～1896年
(享年《きょうねん》:不明)

龍馬《りょうま》との出会い ひかれあい、婚約《こんやく》を交わす

北辰一刀流剣術《ほくしんいっとうりゅうけんじゅつ》の開祖《かいそ》・千葉周作《ちばしゅうさく》を兄に持つ千葉定吉《ちばさだきち》の娘《むすめ》として生まれる。

佐那《さな》自身も北辰一刀流免許皆伝《ほくしんいっとうりゅうめんきょかいでん》で、兄と共に道場で剣術《けんじゅつ》を教えた。その強さと美しい外見から「千葉《ちば》の鬼小町《おにこまち》」と呼《よ》ばれた。

1853年、上京してきた坂本龍馬《さかもとりょうま》が定吉《さだきち》の道場に入門。この時、佐那《さな》は16歳《さい》、龍馬《りょうま》は18歳《さい》だったとされる。一流道場で鍛《きた》えている佐那《さな》に龍馬《りょうま》は勝つことができなかった。

そのうちに佐那《さな》は龍馬《りょうま》に心ひかれていく。

同じ頃龍馬《ころりょうま》も、姉《あね》の坂本乙女《さかもとおとめ》に佐那《さな》のことをほめる内容《ないよう》の手紙を送っている。馬に乗り、剣《けん》が強く、薙刀《なぎなた》を使うなどと男勝《おとこまさ》りぶりを紹介《しょうかい》しつつ、顔も美人だという手紙から、佐那《さな》に好印象を抱《いだ》いていたのが確認《かくにん》できる。

その後、定吉《さだきち》の許《ゆる》しをもらった二人は正式に婚約《こんやく》。この時、婚約《こんやく》の証《あかし》として佐那《さな》は短刀一振《ひとふ》りを龍馬《りょうま》へ、龍馬《りょうま》は越前福井藩主《えちぜんふくいはんしゅ》・松平《まつだいら》春嶽《しゅんがく》からもらった紋服《もんぷく》を佐那《さな》に贈《おく》ったとされている。

その一方で、佐那《さな》が恋心《こいごころ》を打ち明けるも、龍馬《りょうま》に結婚《けっこん》はできないといわれ、紋服《もんぷく》の片袖《かたそで》をちぎり佐那《さな》に与《あた》えて去っていったという話もある。たしかなことは、佐那《さな》が龍馬《りょうま》を慕《した》っていたということだけである。

離《はな》れていった龍馬《りょうま》 変わることのない佐那《さな》の愛

龍馬《りょうま》は次第に政治《せいじ》活動に没頭《ぼっとう》し、命を救ってくれた女性《じょせい》・楢崎龍《ならさきりょう》と結婚《けっこん》してしまう。

龍《りょう》は彼女《かのじょ》のインタビューをまとめた『反魂香《はんごんこう》』内で、佐那《さな》の悪口や、龍馬《りょうま》は佐那《さな》のことが好きではなかったなどと語っている。しかし、龍馬《りょうま》は龍《りょう》の手前そういわざるをえなかったのではないか、という説もある。

1867年、龍馬《りょうま》が暗殺される。だが、龍馬《りょうま》の死後も佐那《さな》は「自分は坂本龍馬《さかもとりょうま》の婚約者《こんやくしゃ》」と周囲に語り、生涯独身《しょうがいどくしん》を貫《つらぬ》き通《とお》した。

晩年《ばんねん》は、家伝の灸治療《きゅうちりょう》で生計を立てながら暮《く》らしたが、1896年に死去。

佐那《さな》の一途《いちず》な龍馬《りょうま》への想いがくまれたのか、彼女《かのじょ》の墓石《ぼせき》の裏《うら》には「坂本龍馬室《さかもとりょうましつ》」と、妻《つま》を意味する「室《しつ》」の字が刻《きざ》まれている。

なでしこが生きた時代

佐那《さな》の伯父《おじ》・千葉周作《ちばしゅうさく》は1822年、日本橋品川町に道場・玄武館《げんぶかん》を開設《かいせつ》。玄武館《げんぶかん》は「技《わざ》の千葉《ちば》・玄武館《げんぶかん》」として「力《ちから》の斎藤《さいとう》・練兵館《れんぺいかん》」、「位《くらい》の桃井《もものい》・士学館《しがくかん》」に並《なら》ぶ江戸《えど》の三大道場として数えられている。

庶民《しょみん》も受け入れていた道場には、多い時で約3500人の門弟《もんてい》がいた。そして、坂本龍馬《さかもとりょうま》のほかにも、浪士組《ろうしぐみ》の発起人《ほっきにん》・清川八郎《きよかわはちろう》や新撰組《しんせんぐみ》副長・山南《やまなみ》敬助《けいすけ》など有名な維新志士《いしんしし》たちも通っていた。

時代に翻弄《ほんろう》され、偏見《へんけん》の目で見られた悲劇《ひげき》の女性《じょせい》

唐《とう》人《じん》お吉《きち》

（斎藤《さいとう》吉《きち》／斎藤《さいとう》きち）

唐人《とうじん》お吉《きち》の一生

生没年《せいぼつねん》
1841～1890年
(享年《きょうねん》:50歳《さい》)

人気芸者が
たった三日で蔑《さげす》みの対象へ

尾張国《おわりのくに》（現在《げんざい》の愛知県西部）の船大工・斎《さい》藤《とう》市兵衛《いちべえ》の次女として誕生《たんじょう》。幼《おさな》い頃《ころ》に下田へ移《うつ》り、母の実家で育てられる。その後、幕府《ばくふ》の海上輸送《かいじょうゆそう》を担《にな》う船手頭《ふなてかしら》の元内縁《ないえん》の妻《つま》のもとへ養女に出され、そこで芸事を習得する。

父の死をきっかけに実家へ戻《もど》ったお吉《きち》は、持って生まれた美貌《びぼう》を生かし、下田一の人気芸者になった。

1857年、初代アメリカ総領事《そうりょうじ》タウンゼント・ハリスが体調を崩《くず》した時、ハリスは幕府《ばくふ》に看《かん》護《ご》女性《じょせい》の派遣《はけん》を頼《たの》んだ。そして、依頼《いらい》を受けた幕府《ばくふ》役人は、ハリスが妻《つま》代わりの女性《じょせい》を望んでいると勘違《かんちが》いし、お吉《きち》に白羽の矢を立てる。

しかし、ハリスが望んでいたのは、純粋《じゅんすい》に看護《かんご》してくれる女性《じょせい》だった。

幕府《ばくふ》の役人の勘違《かんちが》いにより、ハリスのもとへおもむいたお吉《きち》は、結局わずか三日で解雇《かいこ》されてしまう。だが、その三日でお吉《きち》の運命は大きく変わることになった。

外国人と交わったとして、周囲から偏見《へんけん》の目で見られ、異国人《いこくじん》を意味する「唐人《とうじん》お吉《きち》」と蔑《さげす》まれた。

当時はまだ開国まもない時期で、唐人《とうじん》＝外国人は世間では恐《おそ》れられる存在《そんざい》だった。そして、唐人《とうじん》のもとに通ったお吉《きち》は蔑《さげす》みの対象になってしまったのだ。

失意の日々
そして悲劇的《ひげきてき》な最期《さいご》

冷たい視線《しせん》を向けられたお吉《きち》は酒におぼれ、1862年、下田で再《ふたた》び芸者となる。その後、横浜《よこはま》で幼《おさな》なじみの大工といっしょに住んだものの、別れてしまう。

一人になったお吉《きち》は芸者や髪結《かみゆい》をしたり、三味線を教えたりして生計を立てた。

1882年には下田で小料理屋を開いたもののうまくいかず4年後には破産《はさん》。その翌年《よくねん》には半身不随《ふずい》になってしまう。

貧困《ひんこん》と病気に苦しんだお吉《きち》は50歳《さい》の時に、川に身を投げ、自ら命を絶《た》った。

お吉《きち》の悲劇《ひげき》の生涯《しょうがい》は、1928年に雑誌《ざっし》「中《ちゅう》央公論《おうこうろん》」で発表された十一谷義三郎《じゅういちやぎさぶろう》の小説『唐人《とうじん》お吉《きち》』で知られるようになった。

なでしこたちの秘話《ひわ》

ハリスの妻《つま》代わりとなるお吉《きち》のため、政府《せいふ》側が提《てい》示《じ》した給料は支度金《したくきん》25両、月収《げっしゅう》10両だった。腕《うで》のいい大工の1か月の給料が2両だったことを考えると、破格《はかく》の値《ね》といえる。高い給料にしなければ、外国人の妻《つま》代わりなど、だれもなりたがらなかった証《しょう》拠《こ》でもあるだろう。

この高い支度金《したくきん》をもらったことが、お吉《きち》の悪評《あくひょう》を増大《ぞうだい》させる結果につながってしまった。

坂《さか》本《もと》龍《りょう》

坂《さか》本《もと》龍《りょう》馬《ま》の窮《きゅう》地《ち》を救った龍《りょう》馬《ま》の愛《あい》妻《さい》

（お竜《りょう》／楢《なら》崎《さき》龍《りょう》／西《にし》村《むら》ツル）

坂本龍《さかもとりょう》の一生

生没年《せいぼつねん》
1841～1906年
(享年《きょうねん》:66歳《さい》)

龍馬《りょうま》を狙《ねら》った寺田屋《てらだや》襲撃《しゅうげき》 その難《なん》を救う

医師《いし》である父・楢崎将作《ならさきしょうさく》と母・貞《さだ》の長女として誕生《たんじょう》。しかし、将作《しょうさく》が安政《あんせい》の大獄《たいごく》に巻《ま》き込《こ》まれ逮捕《たいほ》。釈放《しゃくほう》されるも病死してしまい、残された一家は貧困《ひんこん》に苦しんだ。

龍《りょう》の弟は寺へ、末の妹は舞妓《まいこ》に、そして2番目の妹は母をだました悪人に売られてしまい、一家はバラバラになる。妹が売られたことを知った龍《りょう》は激怒《げきど》し、短刀一本で乗《の》り込《こ》み、妹を取《と》り戻《もど》したという。

貞《さだ》から離散《りさん》した家族のことを聞き、同情《どうじょう》した土佐藩士《とさはんし》・坂本龍馬《さかもとりょうま》は、龍《りょう》の弟妹の身を保障《ほしょう》し、龍《りょう》を寺田屋《てらだや》の女将《おかみ》・登勢《とせ》に預《あず》けた。登勢《とせ》の養女となった龍《りょう》は寺田屋《てらだや》で働きはじめる。

1866年、寺田屋遭難《てらだやそうなん》が起こる。寺田屋《てらだや》に泊《と》まっていた龍馬《りょうま》に奉行所《ぶぎょうしょ》が襲撃《しゅうげき》をかけると、いち早く察知した龍《りょう》は裸《はだか》のまま風呂《ふろ》を飛び出し、龍馬《りょうま》に危機《きき》を知らせ、脱出《だっしゅつ》させた。その後、薩摩藩《さつまはん》に保護《ほご》された龍《りょう》も男装姿《だんそうすがた》で移動《いどう》し、龍馬《りょうま》がかくまわれていた薩摩屋敷《さつまやしき》に移《うつ》る。

龍馬《りょうま》と龍《りょう》の結婚《けっこん》については諸説《しょせつ》あるが、この事件《じけん》をきっかけに二人の仲が進展《しんてん》し、結婚《けっこん》したとされている。

龍馬《りょうま》は姉・乙女《おとめ》に送った手紙に、妻《つま》・龍《りょう》のことを「おもしろき女」と書いて送っている。

同年、療養《りょうよう》のために鹿児島《かごしま》へ向かった二人は温泉場《おんせんば》をめぐり、霧島山《きりしまやま》登山などを楽しんだ。この旅行が日本初の新婚《しんこん》旅行となる。

龍馬《りょうま》を忘《わす》れられず 悲嘆《ひたん》の日々

1867年、龍馬《りょうま》が暗殺される。夫を失った龍《りょう》は坂本家《さかもとけ》の世話になるが、気性《きしょう》が激《はげ》しかった龍《りょう》は乙女《おとめ》とぶつかったとされ、しばらくすると坂本家《さかもとけ》を出てしまった。

各地を転々とした後、流れついた神奈川《かながわ》の料亭《りょうてい》で働きはじめる。そして、行商人・西村《にしむら》松兵衛《まつべえ》と再婚《さいこん》するが幸せな生活ではなかった。

66歳《さい》の時に死没《しぼつ》。30年あまり松兵衛《まつべえ》の妻《つま》として過《す》ごした龍《りょう》だが、建立された龍《りょう》の墓《はか》には「龍馬《りょうま》の妻《つま》」と記されている。

大酒のみだった龍《りょう》が酔《よ》っぱらうたびに「私《わたし》は龍馬《りょうま》の妻《つま》だ」と叫《さけ》んだということからも、龍《りょう》が生涯《しょうがい》龍馬《りょうま》を想い続けていたことがわかる。

なでしこたちの秘話《ひわ》

龍馬《りょうま》の死後、彼《かれ》のことを知りたいと考えたマスコミは龍《りょう》に証言《しょうげん》を求めた。

土陽新聞で連載《れんさい》された龍《りょう》のインタビュー集『千里《せんりの》駒後日譚《こまごじつのはなし》』と『千里駒後日譚拾遺《せんりのこまごじつのはなししゅうい》』では、龍馬《りょうま》について語られている。これらは坂本龍馬《さかもとりょうま》という人物の実像《じつぞう》を判明《はんめい》させることに役立ったが、晩年《ばんねん》の龍《りょう》が記憶《きおく》を頼《たよ》りに答えているので、発言に思《おも》い違《ちが》いや勘違《かんちが》い、誇張《こちょう》がふくまれている部分もあるとされている。

楫《か》取《とり》美《み》和《わ》子《こ》

二人の夫を支《ささ》えた吉《よし》田《だ》松《しょう》陰《いん》の妹

（文《ふみ》子《こ》／美《み》和《わ》）

楫取美和子《かとりみわこ》の一生

生没年《せいぼつねん》
1843～1921年
(享年《きょうねん》:79歳《さい》)

松下村塾《しょうかそんじゅく》きっての秀才《しゅうさい》・玄瑞《げんずい》の妻《つま》となる

杉百合之助《すぎゆりのすけ》とその妻《つま》・瀧《たき》の四女・文《ふみ》としてこの世に生を受ける。

1854年、次兄・吉田松陰《よしだしょういん》がアメリカ軍艦《ぐんかん》で密航《みっこう》しようとした罪《つみ》で投獄《とうごく》される。投獄《とうごく》中、松陰《しょういん》は囚人《しゅうじん》相手に講義《こうぎ》していたが、それが途《と》中《ちゅう》で終わったこともあり、瀧《たき》は仮出獄《かりしゅつごく》して実家に戻《もど》ってきた息子に家族相手に講義《こうぎ》の続きをするよう提案《ていあん》。これは松陰《しょういん》を元気づけるためだったとされるが、この兄の講義《こうぎ》を聞き、松陰《しょういん》の影響《えいきょう》を受け、文《ふみ》は学問に親しんでいったという。松陰《しょういん》の講義《こうぎ》は評判《ひょうばん》になり、彼《かれ》の教えを受けたいという人々が集まってくる。その中に、文《ふみ》の夫となる久坂玄瑞《くさかげんずい》の姿《すがた》があった。

松陰《しょういん》は玄瑞《げんずい》を大変気に入り、文《ふみ》を嫁《とつ》がせようとする。文《ふみ》が不美人だったため玄瑞《げんずい》は一度断《ことわ》ったという説もあるが、1857年に文《ふみ》と玄《げん》瑞《ずい》は結婚《けっこん》。文《ふみ》は15歳《さい》だったとされる。

尊王攘夷派《そんのうじょういは》の志士《しし》として各地をめぐっていた玄瑞《げんずい》はほとんど家にはいなかった。しかし、文《ふみ》に送った手紙が21通残されており、そこには妻《つま》への愛があふれていた。

玄瑞《げんずい》との間に子はなかったが、姉・寿《ひさ》と姉の夫・楫取素彦《かとりもとひこ》の次男・粂次郎《くめじろう》を養子にした。

華族《かぞく》夫人に転身 多忙《たぼう》な夫を支《ささ》える

1864年、京で起きた禁門《きんもん》の変《へん》で玄瑞《げんずい》が自決。未亡人《みぼうじん》となった文《ふみ》は寿《ひさ》の看病《かんびょう》と手伝いのため、楫取家《かとりけ》を訪《おとず》れる。

その後、姉は死去。瀧《たき》は政治家《せいじか》として多忙《たぼう》な公務《こうむ》に就《つ》いていた姉の夫・素彦《もとひこ》の生活を心配し、文《ふみ》に素彦《もとひこ》と再婚《さいこん》するようにすすめる。

1883年に素彦《もとひこ》と再婚《さいこん》。この時、文《ふみ》は名前を美和子《みわこ》と改めたとされる。後に、素彦《もとひこ》は男《だん》爵《しゃく》となり、美和子《みわこ》も華族夫人《かぞくふじん》となった。

1892年には僧侶《そうりょ》・香川黙識《かがわもくしき》に素彦《もとひこ》が賛同《さんどう》し、仏教系《ぶっきょうけい》日本最古の幼稚園《ようちえん》となる鞠生幼稚園《まりふようちえん》設《せつ》立《りつ》を援助《えんじょ》。美和子《みわこ》も幼稚園《ようちえん》の設立《せつりつ》を補佐《ほさ》した。

その翌年《よくねん》、美和子《みわこ》は素彦《もとひこ》と共に現在《げんざい》の山口県防府市《ほうふし》に移《うつ》り住《す》む。1912年、素彦《もとひこ》死去。晩年《ばんねん》の美和子《みわこ》の暮《く》らしは不明だが、防府《ほうふ》で穏《おだ》やかな生活を送ったと思われる。そして、1921年にこの世を去った。

なでしこたちの秘話《ひわ》

美和子《みわこ》の兄・吉田松陰《よしだしょういん》が講義《こうぎ》を行う私塾《しじゅく》・松下村《しょうかそん》塾《じゅく》は伝統《でんとう》にも形式にもとらわれない、当時としては独特《どくとく》な教育方針《ほうしん》をとっていた。

これが、幕末《ばくまつ》から明治《めいじ》にかけて日本を背負《せお》って立つ逸材《いつざい》たちを数多く輩出《はいしゅつ》することになり、久坂玄瑞《くさかげんずい》をはじめ高杉晋作《たかすぎしんさく》、入江九一《いりえくいち》、伊藤博文《いとうひろぶみ》などの維新《いしん》志士《しし》たちが松陰《しょういん》を師《し》とした。そして、彼《かれ》らを通して松陰《しょういん》の教えは広がっていった。

キリスト教の布《ふ》教《きょう》と子女の育成に努めた、型《かた》破《やぶ》りな教育者

新《にい》島《じま》八《や》重《え》

（新《にい》島《じま》八《や》重《え》子《こ》）

新島八重《にいじまやえ》の一生

生没年《せいぼつねん》
1845～1932年
(享年《きょうねん》:88歳《さい》)

銃《じゅう》を手に戦争に参加した男勝りの少女

会津若松《あいづわかまつ》で生まれた会津藩《あいづはん》（現在《げんざい》の福島県西部）砲術指南役《ほうじゅつしなんやく》・山本権八《やまもとごんぱち》の娘《むすめ》。京都府の近代化に務《つと》めた政治家《せいじか》・山本覚馬《やまもとかくま》を兄に持つ。

男勝りな少女であった八重《やえ》は幼《おさな》い頃《ころ》から父に砲術《ほうじゅつ》の指南を受けていた。

1868年に、会津戦争《あいづせんそう》が勃発《ぼっぱつ》。ばっさりと髪《かみ》を切り男装《だんそう》した八重《やえ》は、7連発のスペンサー銃《じゅう》を持ち戦列に参加した。

1871年、失明した兄・覚馬《かくま》を助けるため京都へとおもむき、いっしょに生活するようになる。

京都府立鴨沂《おうき》高等学校の前身になる女紅場《じょこうば》の教員になった八重《やえ》は、生徒の女性《じょせい》たちに読み書きやそろばん、裁縫《さいほう》などを教えた。

1875年、同志社《どうししゃ》大学の前身、同志社《どうししゃ》英学校が開校。これはアメリカ帰りのキリスト教徒・新島襄《にいじまじょう》の発案のもと、襄《じょう》の考えに賛同《さんどう》した覚馬《かくま》と共同で建てられた学校であった。

八重《やえ》もまた襄《じょう》の生き方に共感し、京都で洗礼《せんれい》を受け、1876年に襄《じょう》と結婚《けっこん》した。

閉鎖的《へいさてき》な日本社会に新風を起こす

襄《じょう》との結婚《けっこん》後、八重《やえ》は生活を西洋風に一新。洋装《ようそう》にハイヒールと、当時としてはとても珍《めずら》しい恰好《かっこう》をするようになる。

また、妻《つま》は夫に付《つ》き従《したが》うのが当然という時代にありながら、八重《やえ》と襄《じょう》の夫婦《ふうふ》間は常《つね》に男女平等であった。

周囲から八重《やえ》は常識《じょうしき》外れの「天下の悪妻《あくさい》」と悪評《あくひょう》を立てられたが、夫の襄《じょう》は八重《やえ》のことを「ハンサムウーマン」といい、信念に忠実《ちゅうじつ》に生きる八重《やえ》の気高《けだか》さを愛した。

1876年、八重《やえ》は後に同志社《どうししゃ》女子大学となる女子塾《じゅく》を開校。八重《やえ》自身も教鞭《きょうべん》を取り、キリスト教の布教《ふきょう》と子女の育成に努める。

1890年、病弱だった襄《じょう》が急逝《きゅうせい》。

その後の八重《やえ》は社会奉仕《ほうし》活動に積極的に関わり、日清戦争《にっしんせんそう》、日露戦争《にちろせんそう》では看護婦《かんごふ》として従軍《じゅうぐん》。傷病兵《しょうびょうへい》の看護《かんご》に尽《つ》くした。八重《やえ》の社会的活動は高く評価《ひょうか》され、勲章《くんしょう》を授《さず》けられた。

晩年《ばんねん》、茶道や華道《かどう》などを教えて過《す》ごし、88歳《さい》で亡《な》くなった。

なでしこたちの秘話《ひわ》

襄《じょう》との結婚式《けっこんしき》の前日、八重《やえ》は洗礼《せんれい》を受けてキリスト教徒になった。当時の京都に教会はなく、八重《やえ》の洗礼《せんれい》は宣教師《せんきょうし》の家で行われた。

洗礼《せんれい》の翌日《よくじつ》、八重《やえ》と襄《じょう》は結婚式《けっこんしき》を挙げる。二人の結婚《けっこん》は、京都では初の日本人クリスチャン同士の結《けっ》婚式《こんしき》であり、手作りされた八重《やえ》のウエディングドレスも日本で初めてのものだった。こうして八重《やえ》と襄《じょう》は夫婦《ふうふ》の誓《ちか》いを交わし、二人は晴れて夫婦《ふうふ》となった。

イギリス女王に謁《えつ》見《けん》した、教養高き貴《き》婦《ふ》人《じん》

鍋《なべ》島《しま》胤《たね》子《こ》

（駒《こま》／駒《こま》姫《ひめ》）

鍋島胤子《なべしまたねこ》の一生

生没年《せいぼつねん》
1850～1880年
(享年《きょうねん》:31歳《さい》)

夫に付《つ》き添《そ》い、海を越《こ》えてヨーロッパへ

公家《くげ》・梅溪通善《うめたにみちたる》の娘《むすめ》として生まれる。

1864年に佐賀《さが》の最後の藩主《はんしゅ》・鍋島直大《なべしまなおひろ》と結婚《けっこん》し、佐賀城《さがじょう》へ入る。直大《なおひろ》との間に、長女の朗子《さえこ》と長男の直映《なおみつ》、2子が生まれた。

明治政府《せいふ》に出仕した夫・直大《なおひろ》は1871年に岩倉使節団《いわくらしせつだん》に同行し、イギリスへ留学《りゅうがく》するが、佐賀《さが》の乱《らん》の知らせを受けて帰国。

1874年、胤子《たねこ》は二人の子どもを義母《ぎぼ》にたくし、直大《なおひろ》の再留学《さいりゅうがく》に同行する。

夫といっしょに海を渡《わた》り、パリに1週間ほど滞在《たいざい》し、胤子《たねこ》の西洋風の衣装《いしょう》の新調など、ヨーロッパでの生活の準備《じゅんび》をした後、二人はロンドンへ到着《とうちゃく》する。

到着《とうちゃく》早々に英語とヨーロッパの風習を学んだ胤子《たねこ》はヨーロッパで通用する教養を身につけるため、ダンスやピアノのほか、積極的に様々な習いごとをした。

語学では、英語のほか、フランス語も上達。芸術的才能《げいじゅつてきさいのう》にも恵《めぐ》まれていた胤子《たねこ》は、西洋刺繍《ししゅう》や絵画も身につけた。

ヨーロッパの教養を身につけ社交界の華《はな》に

直大《なおひろ》はヨーロッパ社交界に「プリンス・ナベシマ」として顔が知られていくようになる。

胤子《たねこ》も気品あふれる柔和《にゅうわ》な物腰《ものごし》から「プリンセス・ナベシマ」と称賛《しょうさん》され、社交界の華《はな》となっていった。

しかし、順風満帆《まんぱん》な人生を送っているかのように見えた胤子《たねこ》だが、生まれたばかりの次男を失って以降《いこう》、体調を崩《くず》しがちになる。

そのなか、胤子《たねこ》は直大《なおひろ》と共にヴィクトリア女王とエドワード皇太子《こうたいし》に謁見《えっけん》する名誉《めいよ》を得る。胤子《たねこ》は女王に対面した、初めての日本人女性《じょせい》となった。

1878年、鍋島夫婦《なべしまふうふ》はロンドンを立ち、フランス、イタリア、オーストリアとヨーロッパ各地を回り、パリ万博《ばんぱく》を観た後に帰国した。

帰国後、胤子《たねこ》は神戸《こうべ》で療養《りょうよう》するが、回復《かいふく》することなく31歳《さい》という若《わか》さでこの世を去った。

海外で生活した日本女性《じょせい》の先駆者《せんくしゃ》にして、ヨーロッパ社交界に通じる貴婦人《きふじん》であっただけに、その早過《はやす》ぎる死は大変惜《お》しまれた。

なでしこたちの秘話《ひわ》

芸術的《げいじゅつてき》な才能《さいのう》を開花させた胤子《たねこ》は、特に油絵に秀《ひい》で、上流階級の女性《じょせい》としては初めての西洋画家として日本美術史《びじゅつし》に名を残すことになった。

油絵はイギリスの画家、トーマス・マイル・リチャードソン・ジュニアに習った。この時、胤子《たねこ》といっしょに油絵を習っていたのが、直大《なおひろ》に随行《ずいこう》した外交官・百武兼行《ひゃくたけかねゆき》。この時の経験《けいけん》から、兼行《かねゆき》は後に外交官から洋画家へ転身することになった。

日本初の女《じょ》性《せい》医《い》師《し》資《し》格《かく》試験合《ごう》格《かく》者《しゃ》

荻《おぎ》野《の》吟《ぎん》子《こ》

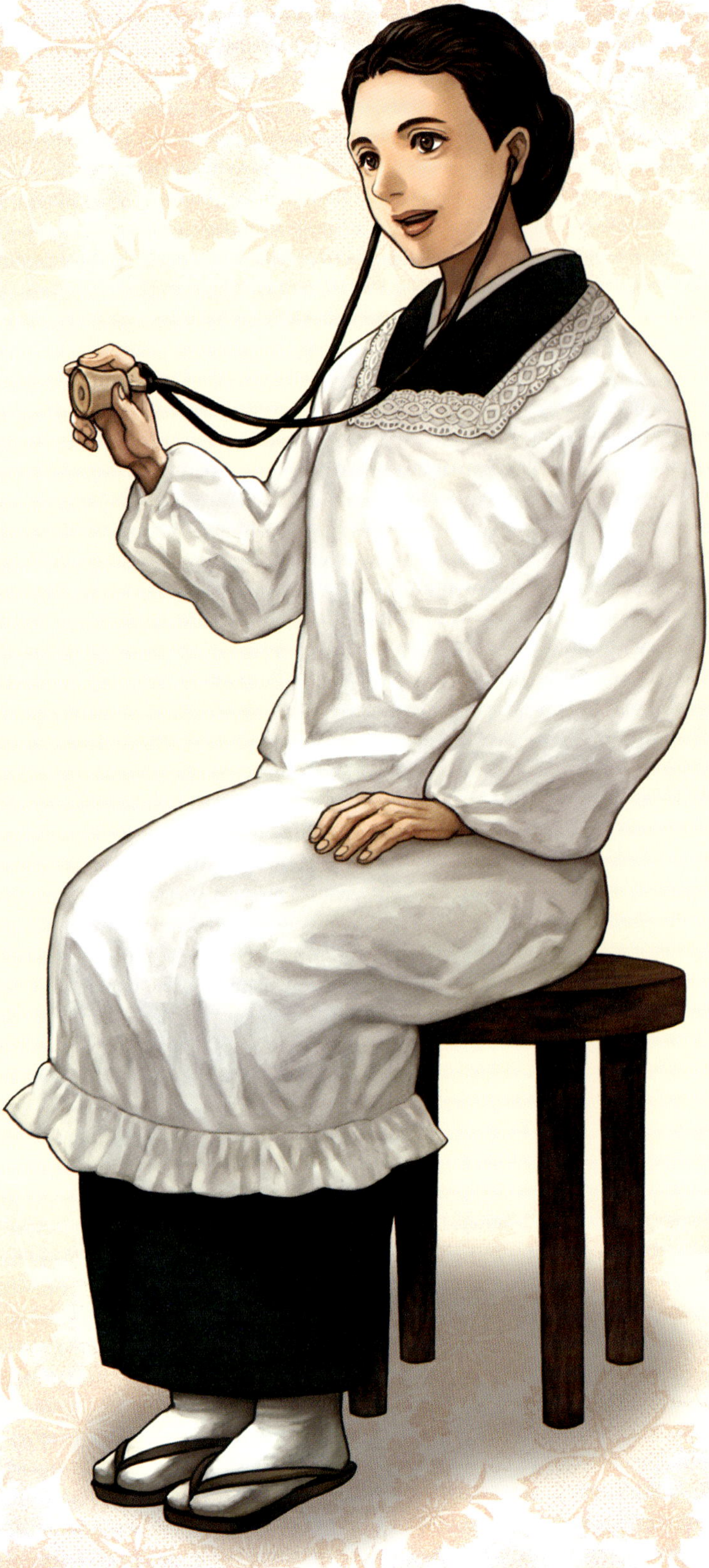

荻野吟子《おぎのぎんこ》の一生

生没年《せいぼつねん》
1851～1913年
(享年《きょうねん》:63歳《さい》)

屈辱的《くつじょくてき》な経験《けいけん》をばねに 前例をはねのけ、女医を目指す

荻野綾三郎《おぎのあやさぶろう》の五女として誕生《たんじょう》。

18歳《さい》の時に結婚《けっこん》するが、夫から病気をうつされ離婚《りこん》。順天堂医院で入院治療《ちりょう》を受ける。

最新の西洋医学とはいえ、診察台《しんさつだい》の上にのせられ、男性医師《だんせいいし》から直接的《ちょくせつてき》に治療《ちりょう》を受けることは、当時の日本女性《じょせい》にとってとてもはずかしいことだった。

さらに、男子医学生たちに治療《ちりょう》風景を見学されるという計り知れない苦痛《くつう》を経験《けいけん》。

吟子《ぎんこ》は自分と同じ目にあう女性《じょせい》のことを考えると、同性《どうせい》の医者の必要性《ひつようせい》を痛感《つうかん》する。そして自ら医師《いし》になることを決意した。

1873年、漢方医の井上頼圀《いのうえよりくに》に入門。その6年後には、女人禁制《きんせい》だった私立《しりつ》医学校・好寿院《こうじゅいん》に特例で入学が許《ゆる》される。

しかし卒業後、医師資格《いししかく》試験を受けようとするが、女性《じょせい》の受験は前例がないという理由で許可《きょか》されなかった。

吟子《ぎんこ》はここであきらめることなく、東京大学の前身である大学東校《とうこう》の総長《そうちょう》・石黒忠悳《いしぐろただのり》や衛生局長《えいせいきょくちょう》・長与専斎《ながよせんさい》の助力を受け、2年後に受験が実現《じつげん》する。

吟子《ぎんこ》のほかに3人の女性《じょせい》が受験し、吟子《ぎんこ》ただ1人が合格《ごうかく》。1885年に女性《じょせい》では日本初となる医師資格《いししかく》の習得に成功する。

キリスト教の影響《えいきょう》を受けて 患者《かんじゃ》の心をも救う医者へ

資格を得た後、本郷湯島《ほんごうゆしま》に産婦人科《さんふじんか》荻野《おぎの》医院を開業。同年、キリスト教の洗礼《せんれい》を受けた吟子《ぎんこ》は、医術《いじゅつ》でただ治すだけではなく、患者《かんじゃ》の精神的《せいしんてき》な健康にも心を配ることの大切さを考えるようになる。日本キリスト教婦人矯風《ふじんきょうふう》会《かい》の風俗《ふうぞく》部長となった吟子《ぎんこ》は、女性《じょせい》の権利《けんり》を守る運動にも取り組んだ。

40歳《さい》の時に20代の青年牧師《ぼくし》・志方之善《しかたゆきよし》と結婚《けっこん》。1894年、之善《ゆきよし》といっしょに北海道の瀬《せ》棚《たな》（現在《げんざい》のせたな町）に渡《わた》り、医師《いし》として働く。

之善《ゆきよし》の死後、東京へ戻《もど》った吟子《ぎんこ》は、本所（現在《げんざい》の墨田区《すみだく》）小梅町で小さな医院を続け、63歳《さい》で死没《しぼつ》する。

吟子《ぎんこ》の歩んだ道は苦難《くなん》の連続だったが、後に続く女医たちの道を照らすこととなった。

なでしこが生きた時代

当時、医者は男性《だんせい》の仕事であり、女性《じょせい》はその手伝いにすぎなかった。そのため、医者を目指した吟子《ぎんこ》が特例で好寿院《こうじゅいん》に入学した時には、男子学生によるいびりや悪質《あくしつ》な妨害《ぼうがい》があった。彼女《かのじょ》の後に続いた女医の卵《たまご》たちも同様の苦労があったとされている。

男尊女卑《だんそんじょひ》の考え方が強かったため、当時の女性《じょせい》が医師《いし》になるためには、まず「男性《だんせい》」という厚《あつ》い壁《かべ》と戦う必要があったのだ。

和《わ》田《だ》英《えい》子《こ》

（和《わ》田《だ》英《えい》）

富《とみ》岡《おか》製《せい》糸《し》場《じょう》で働き、技《ぎ》術《じゅつ》を糧《かて》にした工女

和田英子《わだえいこ》の一生

生没年《せいぼつねん》
1857～1929年
(享年《きょうねん》:73歳《さい》)

富岡製糸場《とみおかせいしじょう》での技術《ぎじゅつ》習得と製糸技術教授《せいしぎじゅつきょうじゅ》の日々

松代藩士《まつしろはんし》・横田数馬《よこたかずま》と亀代子《きよこ》の次女として、長野市松代で生まれる。

1872年、優《すぐ》れた生糸《きいと》を生産するため、政《せい》府運営《ふうんえい》の富岡製糸場《とみおかせいしじょう》が創設《そうせつ》される。

工場で働く女性《じょせい》工員が募集《ぼしゅう》され、英子《えいこ》はこれに志願《しがん》。国益《こくえき》のため、また家族や家の期待を背負《せお》い、士族《しぞく》の女子を中心として、全国から210人ほどが集められた。

1873年から工場で働きはじめたが、当時としては珍《めずら》しいレンガ造《づく》りの建物や、最新鋭《さいしんえい》の設備《せつび》に英子《えいこ》は大変驚《おどろ》いたという。

1日8時間労働し、約1年の技術《ぎじゅつ》習得期間を終えた英子《えいこ》は一等工女《いっとうこうじょ》の資格《しかく》を得た。

松代の区長になった父・数馬《かずま》は地元の長野県埴科郡《はにしなぐん》に、日本初の民間蒸気器械製糸場《じょうききかいせいしじょう》・六工社《ろっこうしゃ》を設立《せつりつ》。英子《えいこ》は教師《きょうし》として、工女たちに技術《ぎじゅつ》を教える立場になる。

しかし、六工社《ろっこうしゃ》は政府運営《せいふうんえい》の富岡製糸場《とみおかせいしじょう》に比《くら》べ、設備《せつび》も器械もまゆの質《しつ》も悪かった。

不便な状況《じょうきょう》の中で生産された生糸《きいと》だったが、横浜《よこはま》の外国人たちに売《う》り込《こ》んだところ、蒸気《じょうき》器械製《きかいせい》の珍《めずら》しい糸だとして、高く売れた。

その後も、英子《えいこ》が指導《しどう》した六工社《ろっこうしゃ》の生糸《きいと》は、横浜《よこはま》で高く売れ続けた。

昔の体験をまとめた『富岡《とみおか》日記』執筆《しっぴつ》へ

1878年、県営《けんえい》長野県製糸場《せいしじょう》の操業《そうぎょう》が始まると、英子《えいこ》は指導者《しどうしゃ》として招《まね》かれる。天皇《てんのう》が長野県製糸場《せいしじょう》に巡幸《じゅんこう》した時には、優秀《ゆうしゅう》な工女としていっしょに作業現場《げんば》を見学した。

1880年、長野県製糸場《せいしじょう》を退社《たいしゃ》。

同年、陸軍中尉《ちゅうい》と結婚《けっこん》。日露戦争《にちろせんそう》から戻《もど》った夫は酒におぼれ、英子《えいこ》を困《こま》らせたが、不満もいわずに夫を支《ささ》え続《つづ》けた。

その後、富岡製糸場《とみおかせいしじょう》で働いていた時の体験や思い出をつづり、『富岡《とみおか》日記』と『富岡《とみおか》後記』の2冊《さつ》にまとめる。この2冊《さつ》は、近代女性史《じょせいし》や製糸業《せいしぎょう》を知ることができる貴重《きちょう》な資料《しりょう》にもなった。

夫の死後、子どもに恵《めぐ》まれなかった英子《えいこ》は養子を取り、73歳《さい》の時《とき》に脳卒中《のうそっちゅう》が原因《げんいん》で息を引き取った。

なでしこが生きた時代

当時の日本では、生糸《きいと》は輸出《ゆしゅつ》のメインとなる商品であり、明治政府《めいじせいふ》にとって命綱《いのちづな》であった。

政府《せいふ》は外国から指導者《しどうしゃ》を富岡《とみおか》に招《まね》き、多くの工女たちを指導《しどう》させた。

富岡製糸場《とみおかせいしじょう》をモデル工場として、近代製糸業《きんだいせいしぎょう》の基《き》礎《そ》を築《きず》くこと、優良《ゆうりょう》な生糸を生産すること、工場を器械化すること、技術《ぎじゅつ》を身につけた日本人指導者《しどうしゃ》を育成することなどを、政府《せいふ》が全力で後押《あとお》ししていた。

イタリアで大成した日本初の女流洋画家

ラグーザ玉《たま》

（清《きよ》原《はら》多《た》代《よ》／清《きよ》原《はら》玉《たま》）

ラグーザ玉《たま》の一生

生没年《せいぼつねん》
1861～1939年
(享年《きょうねん》:79歳《さい》)

ラグーザに洋画を学び
イタリアで数々の成功を残す

増上寺《ぞうじょうじ》の管理人の娘《むすめ》として誕生《たんじょう》。幼《おさな》い頃《ころ》から絵が好きで、小学校入学前から日本画を習い、才能《さいのう》を発揮《はっき》した。

実家が経営《けいえい》する花園で彫刻家《ちょうこくか》ヴィンチェンツォ・ラグーザと出会う。工部美術《びじゅつ》学校に教《きょう》師《し》として招《まね》かれていたラグーザに洋画を教わり、彼《かれ》の彫刻《ちょうこく》のモデルにもなった。

ラグーザがイタリアで美術《びじゅつ》学校を創設《そうせつ》することになると教師《きょうし》として誘《さそ》われ、1882年、ラグーザの帰国とあわせて玉《たま》もイタリアに渡《わた》った。この時、玉《たま》の姉夫婦《ふうふ》も漆芸《しつげい》と刺繍《ししゅう》の腕《うで》を買われ、同行している。パレルモ大学美《び》術専攻科《じゅつせんこうか》に女性《じょせい》初のイタリア留学生《りゅうがくせい》として入学し、語学とデッサンを習得する。

1884年、ラグーザが私立《しりつ》パレルモ工芸美術《びじゅつ》学校を新設《しんせつ》。玉《たま》は絵画の教師《きょうし》となる。学校が私立《しりつ》から市立に昇格《しょうかく》し、正式な教師免許《きょうしめんきょ》を持った玉《たま》は教授《きょうじゅ》に、そして後に副校長となった。

1889年に姉夫婦《ふうふ》が帰国。単身残った玉《たま》はラグーザと結婚《けっこん》。結婚《けっこん》にあたり、親代わりになった侯爵《こうしゃく》夫人からエレオノーラの名を贈《おく》られる。同年、イタリア全国大博覧会《だいはくらんかい》で1等、1910年開催《かいさい》のニューヨーク国際美術展覧会《こくさいびじゅつてんらんかい》で婦人《ふじん》部最高賞受賞など、数々の結果を残した。

意外なきっかけで
半世紀ぶりの帰国

1927年、ラグーザが死去。帰国を考え日本大使館に行くが「イタリア人と結婚《けっこん》しているため日本人ではない」と、帰国手続きを拒否《きょひ》され、生涯《しょうがい》をイタリアで過《す》ごす覚悟《かくご》を固める。

しかし、玉《たま》のことを知った日本人の評論《ひょうろん》家《か》・木村毅《きむらき》が友人を頼《たよ》って玉《たま》を取材、新聞に「ラグーザお玉《たま》」として連載《れんさい》すると、日本で玉《たま》の名前と功績《こうせき》が知られるようになる。それをきっかけに、その後、姉の孫が日本から玉《たま》を迎《むか》えにきて、1933年に帰国。しかし玉《たま》はすっかり日本語を忘《わす》れていた。

帰国後すぐに、銀座《ぎんざ》の伊藤屋《いとうや》で日本で初めての展覧会《てんらんかい》を開催《かいさい》した。

実家にアトリエを構《かま》えた玉《たま》はその後も絵を描《か》き続《つづ》け、79歳《さい》で死没《しぼつ》。玉《たま》の骨《ほね》は日本とイタリアのラグーザの墓《はか》に分骨《ぶんこつ》された。

なでしこたちの秘話《ひわ》

ラグーザは工部美術《びじゅつ》学校で教えるかたわら、玉《たま》の才能《さいのう》を見ぬき、洋画を教えていた。

自然を観察して研究する、当時の日本美術《びじゅつ》に欠けていた写生の重要性《じゅうようせい》を教《おし》え込《こ》むため、ラグーザは西洋の草花や野鳥をわざわざ持ってきて、玉《たま》に写生させたという。

今ではどこででも見られるコスモスも、ラグーザが写生のために日本に持《も》ち込《こ》んだものだった。

女《じょ》性《せい》と知的障《しょう》がい児《じ》の教育に貢《こう》献《けん》した教育者

石《いし》井《い》筆《ふで》子《こ》

（小《お》鹿《か》島《しま》筆《ふで》子《こ》）

石井筆子《いしいふでこ》の一生

生没年《せいぼつねん》
1861～1944年
(享年《きょうねん》:84歳《さい》)

幼《おさな》い頃《ころ》から外国に関心を持ち近代的な思考を持つ女性《じょせい》に

大村藩士《はんし》・渡辺清《わたなべきよし》の長女として誕生《たんじょう》。東京女学校に入学し、アメリカ出身の教師《きょうし》マーガレット・グリフィスの指導《しどう》を受け、英会話を身に着ける。

東京女学校の廃校《はいこう》が決まった後、英語を学ぶため筆子《ふでこ》はウィリアム・ホイットニーの英語塾《じゅく》に通いはじめる。ウィリアムの娘《むすめ》・クララと友人になり、クララが執筆《しっぴつ》した『クララの明治日記』に、筆子《ふでこ》についての記述《きじゅつ》がある。

1880年には、皇后《こうごう》の命を受けてフランスに留学《りゅうがく》。

帰国後の1884年、旧《きゅう》大村藩《はん》の家老《かろう》・小鹿島右衛門《おがしまうえもん》の子・小鹿島果《おがしまはたす》と結婚《けっこん》する。しかし、果《はたす》は結核《けっかく》を患《わずら》う身で、病弱だった。

1885年には、後に女子教育の先駆者《せんくしゃ》となる津田梅子《つだうめこ》と共に、学習院女子中・高等科の前身となる華族《かぞく》女学校の教師《きょうし》になる。

また、大日本婦人《ふじん》教育会の創設《そうせつ》に尽力《じんりょく》。講演《こうえん》の開催《かいさい》や機関誌《きかんし》作りなどを行い、日本の女子教育の確立《かくりつ》に貢献《こうけん》する。

知的障《しょう》がい児《じ》の母となり、その教育に人生を捧《ささ》げる

1897年に果《はたす》が早逝《そうせい》。果《はたす》との間に生まれた長女・幸子《さちこ》と三女・康子《やすこ》は知的障《しょう》がいを持ち、次女は生まれてすぐに亡《な》くなった。

1898年、アメリカで開催《かいさい》された婦人倶楽部《ふじんくらぶ》万国大会に出席後、筆子《ふでこ》は孤児院《こじいん》や身体障《しょう》がい児《じ》の学校などを見学して回った。帰国後、華族《かぞく》女学校を辞職《じしょく》。

筆子《ふでこ》は石井亮一《いしいりょういち》が開園した知的障《しょう》がい者施設《しゃしせつ》・滝乃川《たきのがわ》学園に幸子《さちこ》と康子《やすこ》を預《あず》ける。そして、亮一《りょういち》の人格《じんかく》に感銘《かんめい》を受けた筆子《ふでこ》自身も、学園で英語や歴史、裁縫《さいほう》などを教えた。

1903年、周囲の反対を押《お》し切《き》り、亮一《りょういち》と再婚《さいこん》。夫を支《ささ》え、共に学園を運営《うんえい》していくが、運営経費《うんえいけいひ》のやりくりに大変苦労した。1920年には学園で火事が発生、6人の少年が犠牲《ぎせい》になる。そして、筆子《ふでこ》も生涯《しょうがい》足を引きずる重い傷《きず》を負う。

亮一《りょういち》が死没《しぼつ》した後は、園長として学園を運営《うんえい》し、知的障《しょう》がい児《じ》の教育と福祉《ふくし》に尽力《じんりょく》し続け、84歳《さい》でこの世を去った。

なでしこたちの秘話《ひわ》

筆子《ふでこ》がホイットニーの英語塾《じゅく》に通っていた頃《ころ》のこと。クララや他の友人たちと芝公園《しばこうえん》へピクニックに出かけた時、彼女《かのじょ》らは日本の婦人《ふじん》や早婚《そうこん》などについて議論《ぎろん》を始めた。

話題が慈善《じぜん》病院のバザーに及《およ》ぶと、大体の友人は不賛成《ふさんせい》に回る中、筆子《ふでこ》は賛成《さんせい》に回り、「貧《まず》しい女性《じょせい》を助けられるものなら、着物を売り、裸《はだか》でいるのですが」とまで言ったという。

津《つ》田《だ》梅《うめ》子《こ》（むめ）

女《じょ》性《せい》の自立に人生をささげた、女子専《せん》門《もん》教育の先《せん》駆《く》者《しゃ》

津田梅子《つだうめこ》の一生

生没年《せいぼつねん》
1864～1929年
(享年《きょうねん》:66歳《さい》)

アメリカ留学《りゅうがく》の成果を日本女性《じょせい》の自立に活かす決意

梅子《うめこ》の父･津田仙《つだせん》は､福沢諭吉《ふくざわゆきち》らといっしょに渡米《とべい》し、アメリカの持つ自由と独立《どくりつ》の精神《せいしん》にふれた人物だった。

女子留学生《りゅうがくせい》募集を知った仙《せん》は、梅子《うめこ》を送り出すことを決意。梅子《うめこ》は岩倉使節団《いわくらしせつだん》といっしょに日本初の女子留学生《りゅうがくせい》の一人として満6歳《さい》でアメリカに渡《わた》ることになった

アメリカで初等教育、中等教育を受けた梅《うめ》子《こ》は、11年後、日本へ帰国する。

しかし、日本語を忘《わす》れてしまい家族とコミュニケーションを取るにも通訳《つうやく》を必要とするほどだった。

帰国後、後に総理大臣《そうりだいじん》となる伊藤博文《いとうひろぶみ》の紹《しょう》介《かい》で歌人の下田歌子《しもだうたこ》が開く桃夭女塾《とうようじょじゅく》に通い、国語と習字を習うかたわらで、桃夭女塾《とうようじょじゅく》の生徒たちに英語を教えた。

1885年、華族《かぞく》女学校の英語教師《きょうし》になるが、長い海外生活の影響《えいきょう》で、梅子《うめこ》は日本の習慣《しゅうかん》になじめずにいた。特に、良妻賢母《りょうさいけんぼ》の考えのもと、男性《だんせい》に従《したが》う女性《じょせい》たちの姿《すがた》に苦悩《くのう》した梅子《うめこ》は1889年にアメリカへ再留学《さいりゅうがく》。日本女性《じょせい》のために何ができるか考えた梅子《うめこ》はブリンマー大学で生物学、オズウィーゴー師範《しはん》学校で教《きょう》授法《じゅほう》を学ぶ。そして女性《じょせい》の自立のため、女子専門《せんもん》の高等教育機関の設立《せつりつ》を目指すようになる。

女子大実現《じつげん》のため奔走《ほんそう》する日々

帰国した梅子《うめこ》は1900年に女子英学塾《えいがくじゅく》を開校。英語の教員を育てるために作られた塾《じゅく》は、わずか6畳二間《じょうふたま》の小さな教室と10名の生徒たちとの出発だった。

1923年には関東大震災《だいしんさい》で校舎《こうしゃ》が全焼するも、梅子《うめこ》はアメリカに渡《わた》り、校舎《こうしゃ》の再建《さいけん》費用を集め回った。しかし、無理がたたって体調を崩《くず》し、校舎《こうしゃ》の再建《さいけん》を見届《みとど》ける前に1929年、鎌倉《かまくら》で死去した。

女性《じょせい》の自立のために身をささげてきた梅子《うめこ》は、結婚《けっこん》することなく生涯《しょうがい》を独身《どくしん》で通した。

梅子《うめこ》の死後、塾《じゅく》は順調に発展《はってん》を遂《と》げる。名を津田英学塾《つだえいがくじゅく》、津田塾専門《つだじゅくせんもん》学校と改名していき、終戦後には念願だった女子大学・津田塾《つだじゅく》大学の実現《じつげん》に至《いた》った。

なでしこたちの秘話《ひわ》

現在《げんざい》、梅子《うめこ》の墓《はか》は津田塾《つだじゅく》大学のキャンパス内に存《そん》在《ざい》している。本来、墓地《ぼち》ではないところに墓《はか》を作るのは難《むずか》しいことだが、梅子《うめこ》たっての希望を津田塾《つだじゅく》大学はかなえたのだ。

ただ、女性教育《じょせいきょういく》を第一の使命としていた梅子《うめこ》が、生涯《しょうがい》一度も結婚《けっこん》することなく独身の身だったことが災《わざわ》いして、梅子《うめこ》の墓《はか》をお参りすると結婚《けっこん》できなくなるという困《こま》った迷信《めいしん》が残されているらしい。

川《かわ》上《かみ》貞《さだ》奴《やっこ》

世界を魅《み》了《りょう》した日本初の女《じょ》優《ゆう》

川上貞奴《かわかみさだやっこ》の一生

生没年《せいぼつねん》
1871～1946年
(享年《きょうねん》:76歳《さい》)

芸者から女優《じょゆう》へ 予期せぬ転身

商家の末娘《すえむすめ》・貞《さだ》として、東京日本橋で誕生《たんじょう》するが、店の没落《ぼつらく》後、芸者置屋《げいしゃおきや》・浜田屋《はまだや》へ養女に出される。

厳《きび》しく芸を仕込《しこ》まれ、「奴《やっこ》」の名を襲名《しゅうめい》。売れっ子芸者となり、当時の総理大臣《そうりだいじん》・伊藤《いとう》博文《ひろぶみ》ら政治家《せいじか》からもひいきにされた。

1891年、浅草で中村座《なかむらざ》を観劇《かんげき》した時に、俳優《はいゆう》・川上音二郎《かわかみおとじろう》と知り合う。二人はすぐにひかれあい、出会いから3年後、貞《さだ》は芸者を辞めて音二郎《おとじろう》と結婚《けっこん》した。

1896年、音二郎《おとじろう》が川上座劇場《かわかみざげきじょう》を設立《せつりつ》。しかし、その後、音二郎《おとじろう》が2度も衆議院《しゅうぎいん》選挙に落選したことで借金が増《ふ》え、劇場《げきじょう》は手放すことになった。海外巡業《かいがいじゅんぎょう》で再起《さいき》を考えた音二郎《おとじろう》は、川上一座《かわかみいちざ》と貞《さだ》を連れてアメリカに渡《わた》る。

当時、役者が男に限《かぎ》られていた日本と違《ちが》い、アメリカでは女優《じょゆう》がいないと相手にされなかった。そのため、貞《さだ》が急きょ女優《じょゆう》として舞台《ぶたい》に立つことになった。この初舞台《はつぶたい》から芸名・貞奴《さだやっこ》を名乗るようになる。

アメリカで評判《ひょうばん》になった川上一座《かわかみいちざ》は、その後イギリス、フランスと巡業《じゅんぎょう》を続けた。そして、パリの万国博覧会《ばんこくはくらんかい》での公演《こうえん》が「マダム貞《さだ》奴《やっこ》」として、貞奴《さだやっこ》の名を国際的《こくさいてき》に有名にした。

女優《じょゆう》養成所を設立《せつりつ》し 演劇《えんげき》普及《ふきゅう》に尽力《じんりょく》

1902年に帰国し、翌年《よくねん》には日本の初舞台《はつぶたい》『オセロ』を上演《じょうえん》。貞奴《さだやっこ》は川上一座《かわかみいちざ》の看板女《かんばんじょ》優《ゆう》として活躍《かつやく》していく。

女優《じょゆう》の必要性《ひつようせい》を感じ、1908年には帝国女《ていこくじょ》優《ゆう》養成所を開設《かいせつ》。女優《じょゆう》育成に尽力《じんりょく》する。

1911年、音二郎《おとじろう》が死去すると、貞奴《さだやっこ》は川《かわ》上《かみ》貞奴一座《さだやっこいちざ》を立ち上げた。

1917年上演《じょうえん》の『アイーダ』を最後に女優《じょゆう》を引退《いんたい》。引退《いんたい》後、初恋《はつこい》の相手にして実業家の福《ふく》沢《ざわ》桃介《とうすけ》と同棲《どうせい》。桃介《とうすけ》に頼《たよ》りながら、川上絹布《かわかみけんぷ》株式会社《かぶしきがいしゃ》を設立《せつりつ》し、実業家としても活躍《かつやく》した。

1924年には、川上児童劇団《かわかみじどうげきだん》を結成し、児童《じどう》演劇《えんげき》の普及《ふきゅう》に尽力《じんりょく》したが、桃介《とうすけ》の病気のために指導役《しどうやく》を断念《だんねん》し、演劇界《えんげきかい》を離《はな》れる。

その後、桃介《とうすけ》が1938年に死去すると貞奴《さだやっこ》は熱海《あたみ》の別荘《べっそう》に移《うつ》り住《す》み、76歳《さい》で没《ぼっ》した。

なでしこたちの秘話《ひわ》

フランスに渡《わた》った川上一座《かわかみいちざ》は、当時のフランス大《だい》統領《とうりょう》、エミール・ルーベの園遊会に招《まね》かれ、演劇《えんげき》を披露《ひろう》した。この時に貞奴《さだやっこ》が着ていた日本の服装《ふくそう》がフランス女性《じょせい》の目をひき、西洋人が着やすいように改良された「奴服《やっこふく》」が生み出された。

香水《こうすい》ブランド・ゲランは「ヤッコ」という名の香《こう》水《すい》を発売するなど、マダム貞奴《さだやっこ》はパリじゅうの話題となり、流行を作ることとなった。

日本初となる女子医大を設《せつ》立《りつ》した女医
吉《よし》岡《おか》弥生《やよい》
（吉《よし》岡《おか》彌生《やよい》）

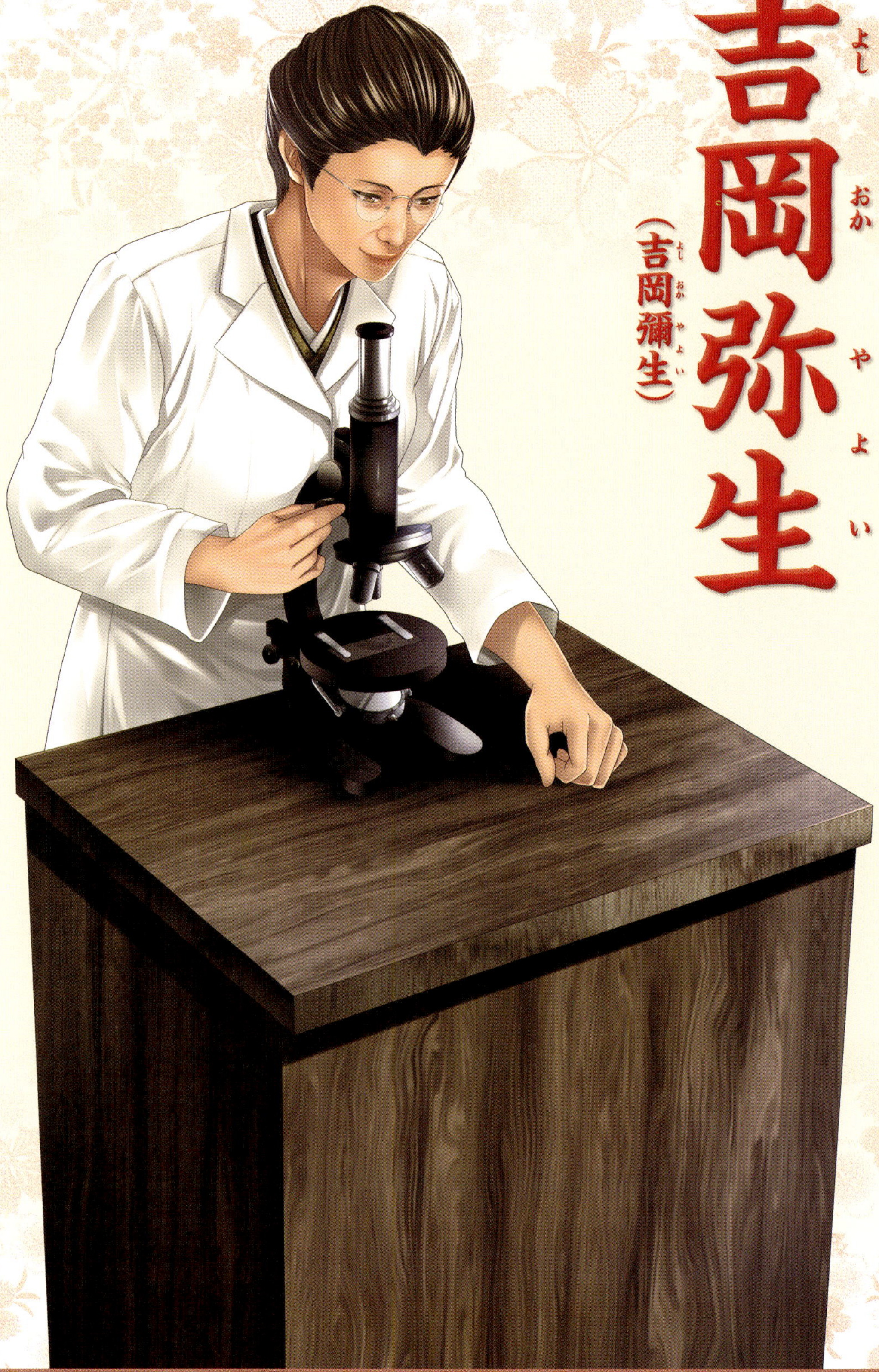

吉岡弥生《よしおかやよい》の一生

生没年《せいぼつねん》
1871～1959年
(享年《きょうねん》:89歳《さい》)

女性蔑視《じょせいべっし》に耐《た》えながら医者を目指す

開業医の父・鷲山養斎《わしやまようさい》の娘《むすめ》として誕生《たんじょう》。17歳《さい》の時から医者を志《こころざ》す。

当時、女子でも医学が学べた唯一《ゆいいつ》の医学校・済生学舎《さいせいがくしゃ》に入学。男子学生からの嫌《いや》がらせを受け、これに対抗《たいこう》するため女子学生たちと女医学生懇談会《こんだんかい》を結成した。

1892年、済生学舎《さいせいがくしゃ》を卒業。医術《いじゅつ》開業試験に合格《ごうかく》し、医師免許《いしめんきょ》を取得後、手術《しゅじゅつ》の見学などの実地見学のため順天堂医院に通い知識《ちしき》を深めた。その後は故郷《こきょう》に戻《もど》り、父の病院の分院で働いた。田舎《いなか》の病院だったため、弥生《やよい》一人で内科、外科、耳鼻科などを担当したという。

1895年、ドイツ留学《りゅうがく》を目指し、ドイツ語習得のため私塾《しじゅく》・東京至誠《しせい》学院に通う。この時に授業《じゅぎょう》を受けた院長・吉岡荒太《よしおかあらた》と結婚《けっこん》。高等予備校《よびこう》になり規模《きぼ》が大きくなった至誠《しせい》学院を手伝うようになる。さらに、学院の運営資《うんえいし》金《きん》を作るため、学院の前に東京至誠《しせい》医院を開業。しかし、荒太《あらた》が病にかかり、1899年に至誠《しせい》学院は閉鎖《へいさ》することになった。

女医育成のため専門《せんもん》の教育機関を設立《せつりつ》

1900年、済生学舎《さいせいがくしゃ》が女子学生の入学を禁《きん》止《し》したことを知り、弥生《やよい》は女医を育成するための教育機関の必要性《ひつようせい》を痛感《つうかん》する。

同年、至誠《しせい》医院の一角に後に東京女子医科大学となる東京女医学校を創立《そうりつ》。当初の入学生は4人だけだったが、弥生《やよい》や生徒たちは非《ひ》常《じょう》に熱心で、弥生《やよい》の長男・博人《ひろと》の出産時には、勉強として生徒たちに見学させた。

1912年、東京女医学校は専門《せんもん》学校に昇格《しょうかく》し、東京女子医学専門《せんもん》学校に改名。4年制度《せいど》の専門的《せんもんてき》な女医育成機関としては日本初だった。1922年に夫・荒太《あらた》を亡《な》くした後、弥生《やよい》は女医の育成だけでなく社会教育や婦人《ふじん》教育のために尽力《じんりょく》。日本女医会《じょいかい》会長や教育審議会《しんぎかい》委員など様々な要職《ようしょく》に就《つ》いていく。

戦後、一時的に公職《こうしょく》・教職《きょうしょく》追放処分《しょぶん》を受けるが、大学に昇格《しょうかく》した東京女子医科大学の学《がく》頭《とう》として復帰《ふっき》。

89歳《さい》で死去するが、遺言《ゆいごん》により弥生《やよい》の遺《い》体《たい》は解剖《かいぼう》され、医学の発展《はってん》のために使われた。

なでしこたちの秘話《ひわ》

当時、女医の存在《そんざい》を疎《うと》ましく思う者も少なくなく、とある医学雑誌《ざっし》の編集者《へんしゅうしゃ》は「手術《しゅじゅつ》の血を平気で見ていられる女は残忍《ざんにん》だ。そんな女が増《ふ》えたら、国が滅《ほろ》びてしまう」と女医亡国論《ぼうこくろん》を展開《てんかい》した。

これに弥生《やよい》は対抗《たいこう》。「病人を救うという信念からメスをにぎっている。血を嫌《いや》がり病人を見捨《みす》てるようでは医者の務《つと》めは果たせない」と述《の》べて、女医亡《ぼう》国論《こくろん》をはねのけた。

家計のために執筆《しっぴつ》し続けた職業《しょくぎょう》作家

樋《ひ》口《ぐち》一《いち》葉《よう》

（奈《な》津《つ》／夏《なつ》子《こ》）

樋口一葉《ひぐちいちよう》の一生

生没年《せいぼつねん》
1872～1896年
(享年《きょうねん》:25歳《さい》)

家の没落《ぼつらく》と家族の死 17歳《さい》の若《わか》さで一家の大黒柱に

後に一葉《いちよう》となるなつは東京で裕福《ゆうふく》な家に誕《たん》生《じょう》。15歳《さい》の時には、令嬢《れいじょう》たちが通う歌人・中島歌子《なかじまうたこ》の歌塾《かじゅく》・萩《はぎ》の舎《や》に入門し、和歌や古典、書道を学んだ。だが、父・樋口則義《ひぐちのりよし》が事業に失敗して没落《ぼつらく》。さらに兄・泉太郎《せんたろう》と父が亡《な》くなり、家を継《つ》いだなつは、17歳《さい》で家計を支《ささ》える立場となる。

針《はり》仕事や洗濯《せんたく》で生計を立てていくが、萩《はぎ》の舎《や》の先輩《せんぱい》・三宅花圃《みやけかほ》が『藪《やぶ》の鶯《うぐいす》』を執筆《しっぴつ》して多額《たがく》の原稿料《げんこうりょう》をもらったことを知ると、小説家を目指して、東京朝日新聞小説記者・半井《なからい》桃水《とうすい》に弟子入りする。

21歳《さい》の時、初の小説『闇桜《やみざくら》』を桃水《とうすい》の主《しゅ》宰《さい》する雑誌《ざっし》「武蔵野《むさしの》」で発表。この頃《ころ》から樋《ひ》口《ぐち》一葉《いちよう》と名乗るようになる。その後、小説『わかれ霜《じも》』などを発表する。

桃水《とうすい》に想いを募《つの》らせていた一葉《いちよう》だったが、桃水《とうすい》との仲が疑《うたが》われ、うわさが広がったために距離《きょり》を置くようになる。

花圃《かほ》の紹介《しょうかい》を受けて雑誌《ざっし》「都の花」に『うもれ木』を発表すると、一葉《いちよう》は新進気鋭《しんしんきえい》の作家として注目を集めるようになった。

自らの体験を生かして 傑作《けっさく》と呼《よ》ばれる作品を執筆《しっぴつ》

作家業だけでは生計を立てることができず、針《はり》仕事や洗濯《せんたく》の仕事も続けていたが、生活は苦しくなるばかりだった。

生計と作家業を分けることを決心した一葉《いちよう》は吉原《よしわら》に近い下谷龍泉寺町《したやりゅうせんじちょう》（現在《げんざい》の台東区竜《たいとうくりゅう》泉《せん》）に引《ひ》っ越《こ》し、雑貨《ざっか》・駄菓子《だがし》屋を開店する。

ここでの体験は、後に吉原《よしわら》を舞台《ぶたい》とした小説『たけくらべ』に生かされることになった。

店は続かず1年後に閉店《へいてん》。再《ふたた》び作家業で生計を立てることを決めた一葉《いちよう》は、1894年に本郷《ほんごう》丸山福山町へ移《うつ》り、そこで『たけくらべ』や『大《おお》つごもり』、『にごりえ』、『十三夜《じゅうさんや》』などの傑作《けっさく》小説を次々に生み出していく。特に『たけくらべ』は作家・森鷗外《もりおうがい》や幸田露伴《こうだろはん》から絶賛《ぜっさん》され、一葉《いちよう》の名声を高めた。

しかし、結核《けっかく》をわずらい、25歳《さい》の若《わか》さでこの世を去る。その死は丸山福山町に引《ひ》っ越《こ》してから、わずか2年後のことだった。

なでしこたちの秘話《ひわ》

龍泉寺町《りゅうせんじちょう》の体験が小説『たけくらべ』を生んだように、丸山福山町での体験を生かした作品がある。

丸山福山町の飲み屋街近くに引《ひ》っ越《こ》した一葉《いちよう》は、飲み屋の女性《じょせい》や芸者たちに頼《たの》まれ、手紙を代筆することがあった。とある芸者は、街を移《うつ》った後もわざわざ人力車に乗って一葉《いちよう》のもとを訪《おとず》れ、手紙を代筆させたという。そして、その芸者が『にごりえ』に登場した「お力《りき》」のモデルだとされている。

生活の合理化と女子教育に挑《いど》んだ教育者

羽《は》仁《に》もと子《こ》

羽《は》仁《に》もと子《こ》の一生

生没年《せいぼつねん》
1873～1957年
(享年《きょうねん》:85歳《さい》)

「家庭之友《かていのとも》」を発売し 中流家庭に影響《えいきょう》を与《あた》える

青森県八戸で誕生《たんじょう》。都立白鷗《はくおう》高校・附属《ふぞく》中学校の前身となる東京府高等女学校に入学。在学《ざいがく》中にキリスト教に出会い、受洗《じゅせん》。

その後、明治女学校に入学。学費が免除《めんじょ》される代わりに雑誌《ざっし》「女学雑誌《じょがくざっし》」の校正者として働く。夏休みに帰郷《ききょう》すると、女学校に戻らず小学校や女学校の教師《きょうし》になり、その後、結《けっ》婚《こん》。しかし、半年で離婚《りこん》し、独立《どくりつ》して生きていこうと決意する。1897年に報知《ほうち》新聞の校正係に応募《おうぼ》。女性《じょせい》は採用《さいよう》しないと言われたが、もと子《こ》は頼《たの》み込《こ》んで試験を受け、採用《さいよう》されることになった。堅実《けんじつ》な仕事や文才を認《みと》められ、記者となり活躍《かつやく》した。後輩《こうはい》の記者・羽仁吉一《はによしかず》と1901年に結婚《けっこん》。しかし、職場結婚《しょくばけっこん》が認《みと》められず、二人は報知《ほうち》新聞を辞職《じしょく》する。

1903年、夫婦《ふうふ》で協力して、家庭生活の改善《かいぜん》と主婦《しゅふ》の地位向上をテーマとした雑誌《ざっし》「家庭《かてい》之友《のとも》」を創刊《そうかん》。もと子《こ》が執筆《しっぴつ》、吉一《よしかず》が編集《へんしゅう》・経理《けいり》を担当《たんとう》した。翌年《よくねん》には、もと子《こ》が自らの家計経験《けいけん》をもとに考案した「家計簿《かけいぼ》」を刊行《かんこう》。

夫婦《ふうふ》は家庭教育や社交、家計などの問題を取《と》り扱《あつか》っていき、多くの中流階級の主婦《しゅふ》に影《えい》響《きょう》を与《あた》えることになった。

理想とする教育のため 自由学園を創立《そうりつ》

自分の子どもたちが小学校で知識《ちしき》をつめ込《こ》まれるだけの教育を受けているのを見て、三女が小学校を卒業する時、夫婦《ふうふ》は理想的な学園を作ろうと決心する。1921年、東京都雑《ぞう》司《し》ヶ《が》谷《や》に自由学園を設立《せつりつ》。

生活しながら学ぶことを重視《じゅうし》した7年制《せい》の女学校であり、もと子《こ》は園長になる。

学園創立《そうりつ》を「家庭之友《かていのとも》」から改題した「婦《ふ》人之友《じんのとも》」誌上《しじょう》で発表し、読者の家庭から生徒を募集《ぼしゅう》。もと子《こ》の三女を加えた26名が学園の最初の生徒になる。

1927年には自由学園小学校が、1935年には男子部が創設《そうせつ》され、戦前の自由主義《しゅぎ》教育のモデルケースになった。

その後、「婦人之友《ふじんのとも》」の愛読者による、全国友の会を結成するなど、家事・家計の近代化や合理化の実現《じつげん》に取り組み続けた。

なでしこたちの秘話《ひわ》

報知《ほうち》新聞に校正係として入社したもと子《こ》だが、書く仕事で身を立てたいと考えていた。インタビュー記事を書こうと、明治女学校時代のつてを使って、西南《せいなん》戦争で活躍《かつやく》した土佐藩士《とさはんし》である谷干城《たにたてき》の妻《つま》・谷《たに》くま子《こ》を訪《たず》ねた。

くま子《こ》から聞き出したエピソードを記事にまとめて上司に見せたところ採用《さいよう》され、もと子《こ》は正式に記者として採用《さいよう》された。

近代日本を代表する情《じょう》熱《ねつ》的《てき》な歌人

与《よ》謝《さ》野《の》晶《あき》子《こ》（鳳《ほう》しやう《しょう》）

与謝野《よさの》晶子《あきこ》の一生

生没年《せいぼつねん》
1878～1942年
(享年《きょうねん》:65歳《さい》)

常識《じょうしき》にとらわれない 大胆《だいたん》な表現《ひょうげん》を生み出す

大阪府《おおさかふ》甲斐町《かいのちょう》にて、菓子《かし》の老舗《しにせ》・駿河屋《するがや》の商人・鳳宗七《ほうそうしち》の娘《むすめ》として誕生《たんじょう》。幼少《ようしょう》より父の書斎《しょさい》の本を読みふけり歌を作るようになる。

現在《げんざい》の大阪府立泉陽《おおさかふりつせんよう》高等学校となる堺《さかい》女学校を卒業。その前後に独学《どくがく》で古典と短歌を学び、歌人・与謝野寛《よさのひろし》（鉄幹《てっかん》）が主宰《しゅさい》する雑誌《ざっし》「明星《みょうじょう》」に詩や和歌を熱心に投稿《とうこう》する。

読売新聞に載《の》った寛《ひろし》の歌に衝撃《しょうげき》を受けた晶子《あきこ》は、1900 年に寛《ひろし》の講演会《こうえんかい》を訪《おとず》れ、そこで寛《ひろし》と歌人・山川登美子《やまかわとみこ》と出会う。登美子《とみこ》とは寛《ひろし》をめぐる恋《こい》のライバルになる。

登美子《とみこ》が結婚《けっこん》のため福井《ふくい》に去った後、1901 年、上京した晶子《あきこ》は寛《ひろし》と結婚《けっこん》。

この頃《ころ》に、初の歌集『みだれ髪《がみ》』を出版《しゅっぱん》。常識破《じょうしきやぶ》りで大胆《だいたん》な表現《ひょうげん》が話題となり、晶子《あきこ》の代表作となった。そして『小扇《こおうぎ》』、『舞姫《まいひめ》』など続々と歌集を出版《しゅっぱん》し、浪漫主義《ろまんしゅぎ》短歌を代表する歌人となる。

1904 年には、日露戦争《にちろせんそう》に行った弟を詠《うた》った詩「君死《きみし》にたまふこと勿《なか》れ」を「明星《みょうじょう》」に発表。晶子《あきこ》の代表作となるが、反戦を詠《うた》ったことで危険《きけん》思想の持ち主という非難《ひなん》をあびた。

家庭と作家業を両立させ 数多くの作品を残す

精力的《せいりょくてき》に創作《そうさく》活動を続ける晶子《あきこ》だが、その裏《うら》では寛《ひろし》との間に生まれた 11 人の子どもたちをかかえていた。生活費の用意や子どもの世話に苦労するが、同時に子どもたちのために 100 編《ぺん》を超《こ》える童話を執筆《しっぴつ》している。

「明星《みょうじょう》」廃刊《はいかん》後、スランプにおちいっていた寛《ひろし》を元気付けるため、1911 年に寛《ひろし》をヨーロッパへ送り出す。その翌年《よくねん》に晶子《あきこ》も寛《ひろし》を追いかけ、４か月間、二人で６か国を旅行した。

帰国後、教育問題に関心を持ち、寛《ひろし》との共著《きょうちょ》『巴里《パリ》より』で女性《じょせい》教育の必要性《ひつようせい》を語った。

1921 年には、日本初の男女共学校・文化《ぶんか》学院を創立《そうりつ》。男女平等教育を目指した。

晩年《ばんねん》には、17 年の歳月《さいげつ》をかけて『源氏《げんじ》物語』の現代語訳《げんだいごやく》を完遂《かんすい》。その３年後、65 歳《さい》で死去。旺盛《おうせい》な創作意欲《そうさくいよく》を持ち続け、65 年の生涯《しょうがい》の中で出版《しゅっぱん》した本は歌集 24 冊《さつ》、評論《ひょうろん》集 16 冊《さつ》、詠《よ》んだ歌は５万首におよんだ。

なでしこたちの秘話《ひわ》

晶子《あきこ》の本名は鳳しやう《ほうしょう》といい、「鳳《ほう》」という珍《めずら》しい旧姓《きゅうせい》を持っていた。

そのため、幼《おさな》い頃《ころ》には「鳳《ほう》さん　ほおずき　ほう10年　ほらほった　ほうほ」と童謡《どうよう》のような言葉でからかわれていた。

厳《きび》しくしつけられた晶子《あきこ》だったが、その性格《せいかく》は勝気で、姓《せい》のことでからかわれると大変くやしがり、立ち向かわずにはいられなかったという。

梨《なし》本《もと》伊《い》都《つ》子《こ》

皇族《こうぞく》から一般《いっぱん》市民になった最後の貴婦人《きふじん》

梨本《なしもと》伊都子《いつこ》の一生

生没年《せいぼつねん》
1882～1976年
(享年《きょうねん》:95歳《さい》)

皇族《こうぞく》・梨本宮守正《なしもとのみやもりまさ》に嫁《とつ》ぎ、皇族妃《こうぞくひ》になる

旧佐賀藩主《きゅうさがはんしゅ》・鍋島直大《なべしまなおひろ》を父に持ち、イタリア・ローマで生まれる。伊都子《いつこ》という名前はイタリアの都の子という意味を持つ。1歳《さい》になる前に帰国し、永田町本邸《ながたちょうほんてい》で育った。

7歳《さい》の時に、学習院女子の前身、華族《かぞく》女学校に入学。特に和歌に優《すぐ》れたといわれる。

1900年、皇族《こうぞく》の梨本宮守正《なしもとのみやもりまさ》と結婚《けっこん》し、皇族妃《こうぞくひ》となる。この時、伊都子《いつこ》は19歳《さい》、守正《もりまさ》は27歳《さい》。二人は仲むつまじかったという。

結婚《けっこん》の翌年《よくねん》、長女・方子《まさこ》を出産。26歳《さい》の時に次女・規子《のりこ》にも恵《めぐ》まれる。

1902年には皇室《こうしつ》と密接《みっせつ》なつながりを持つ日本赤十字社《にほんせきじゅうじしゃ》に参加し、実地演習《えんしゅう》を受けながらかなり具体的な治療《ちりょう》法を学ぶ。翌年《よくねん》には看護学修業証書《かんごがくしゅうぎょうしょうしょ》を受け取った。

1904年に日露戦争《にちろせんそう》が開戦すると、伊都子《いつこ》は赤十字社《せきじゅうじしゃ》などで傷病兵《しょうびょうへい》たちを慰問《いもん》した。慰問《いもん》も皇族《こうぞく》にとって重要な仕事だった。

フランス留学《りゅうがく》中の守正《もりまさ》に同行するため、1909年に伊都子《いつこ》もフランスに渡《わた》る。その後、日本の印象を高めるべくヨーロッパ各国の王室を訪問《ほうもん》。伊都子《いつこ》は社交界の花と賞賛《しょうさん》された。

戦後、夫婦《ふうふ》に降《ふ》りかかる受難《じゅなん》の数々

第一次世界大戦《だいいちじせかいたいせん》が始まると、守正《もりまさ》は中将《ちゅうじょう》、大将《たいしょう》と昇進《しょうしん》を重ね、元帥《げんすい》になる。伊都子《いつこ》は日本各地で積極的に慰問《いもん》活動を続けた。

東京大空襲《だいくうしゅう》では、焼夷弾《しょういだん》により梨本宮家本邸《なしもとのみやけほんてい》が全焼。消火活動も焼け石に水だった。

終戦後、守正《もりまさ》は「侵略《しんりゃく》戦争を鼓舞《こぶ》した頭目であった」として、皇族《こうぞく》の中でただ一人戦争犯罪者《はんざいしゃ》に指定され、拘置所《こうちしょ》に入る。

守正《もりまさ》は釈放《しゃくほう》されるが、アメリカが皇族《こうぞく》の財産《ざいさん》上の特権《とっけん》はく奪《だつ》を決めたことで、多額《たがく》の財産税《ざいさんぜい》に苦しめられた。お金を作るため、本邸《ほんてい》を切り売りし二つの別邸《べってい》や美術品《びじゅつひん》、宝石《ほうせき》などを売《う》り払《はら》った。

1947年、伊都子《いつこ》と守正《もりまさ》は皇籍《こうせき》を離脱《りだつ》。皇族《こうぞく》の地位を失い、一般《いっぱん》市民となる。

その後、盗難《とうなん》や詐欺《さぎ》など受難《じゅなん》は続いたが、1976年、「最後の貴婦人《きふじん》」と呼《よ》ばれた伊都《いつ》子《こ》は、95歳《さい》で激動《げきどう》の生涯《しょうがい》を閉《と》じた。

なでしこたちの秘話《ひわ》

伊都子《いつこ》は守正《もりまさ》と結婚《けっこん》した年から、80年間近く日記をつけ続けた。大変筆まめで日記のほかにも手記や回想録、歌集などを残している。

その中には宮家の重要事項《じこう》をまとめた『永代《えいだい》日記』や武家《ぶけ》の娘《むすめ》の生き方を説いた『心得ぐさ』、ヨーロッパ旅行を記録した『欧州及《おうしゅうおよ》び満韓旅行《まんかんりょこう》日記』、関東大震災《かんとうだいしんさい》の記録『大震災之記《だいしんさいのき》』、戦争に関する記録『日露戦役《にちろせんえき》に関したる日記』などがある。

世界的な活躍《かつやく》を遂《と》げた日本初のオペラ歌手

三《み》浦《うら》環《たまき》

三浦環《みうらたまき》の一生

生没年《せいぼつねん》
1884～1946年
(享年《きょうねん》:63歳《さい》)

日本初のオペラ歌手　注目を集めたスキャンダル

日本初の公証人《こうしょうにん》の娘《むすめ》として東京《とうきょう》に生まれる。音楽大学を志望《しぼう》し、父から反対されたものの説得。結婚《けっこん》と引きかえに進学を許《ゆる》されることになる。

1900年、現在《げんざい》の東京芸術《げいじゅつ》大学である東京音楽学校へ入学。学校にはイギリス製の赤い自転車で通学し、「自転車美人」と評判《ひょうばん》になる。そして、学校には内緒《ないしょ》で親の決めた陸軍軍医と結婚《けっこん》する。

在学《ざいがく》中、日本最初のオペラ公演《こうえん》『オルフェオとエウリディーチェ』に出演《しゅつえん》。主役のエウリディーチェを演《えん》じ、環《たまき》の歌唱は評判《ひょうばん》となる。

1909年に離婚《りこん》。夫よりも音楽を選んだために、夫から離婚《りこん》が申し入れられたのだった。

さらに、東京帝国《ていこく》大学医学部助手・三浦政《みうらせい》太郎《たろう》とのスキャンダル記事が掲載《けいさい》されたことにより、東京音楽学校助教授《じょきょうじゅ》の職《しょく》を失う。

記事は根も葉もないデマだったが、記事をきっかけに政太郎《せいたろう》にプロポーズされ、音楽活動に理解《りかい》を示《しめ》す政太郎《せいたろう》と環《たまき》は再婚《さいこん》する。

海外を舞台《ぶたい》に、数々の快挙《かいきょ》を成《な》し遂《と》げた歌姫《うたひめ》

1914年、環《たまき》は政太郎《せいたろう》とドイツへ留学《りゅうがく》するも第一次世界大戦《だいいちじせかいたいせん》が勃発《ぼっぱつ》、ロンドンへ渡《わた》った。

名指揮者《めいしきしゃ》のヘンリー・ウッドに認《みと》められ、1915年に『蝶々夫人《ちょうちょうふじん》』で主演《しゅえん》を演《えん》じ、大成功を収《おさ》め、世界三大芸術《げいじゅつ》の一つといわれる。

それ以来、国際的《こくさいてき》なオペラ歌手として世界を舞台《ぶたい》に活躍《かつやく》。欧米《おうべい》各地で2000回以上『蝶々夫人《ちょうちょうふじん》』を歌い、『蝶々夫人《ちょうちょうふじん》』の作曲家であるジャコモ・プッチーニから「理想通りの蝶々夫人《ちょうちょうふじん》」と絶賛《ぜっさん》された。

1935年、帰国した環《たまき》は後進の育成に努めるようになるが、その後もたびたびスキャンダルを起こし、最後の恋人《こいびと》になったのは30歳《さい》も年下の男性《だんせい》だった。

1945年、最後の独唱会《どくしょうかい》を日比谷公会堂《ひびやこうかいどう》で開いた後、翌年《よくねん》、63歳《さい》で死没《しぼつ》した。

世界的な活躍《かつやく》をしながらも、当時の日本では奔放《ほんぽう》な環《たまき》の生き方に批判《ひはん》を向けられることもあった。だが、環《たまき》は気にすることなく、思うままに生き、人生をまっとうした。

なでしこたちの秘話《ひわ》

『蝶々夫人《ちょうちょうふじん》』は、ジョン・ルーサー・ロングにより執筆《しっぴつ》された短編《たんぺん》小説が元になっている。

日本に興味《きょうみ》を持ち、『東京の桜《さくら》さん』など日本を舞台《ぶたい》にした小説を残している。しかし親日家でありながら、生涯《しょうがい》一度も日本を訪《おとず》れることはなかった。

『蝶々夫人《ちょうちょうふじん》』は、宣教師《せんきょうし》夫人として、長崎《ながさき》に住んだジョンの姉が、出入りの商人から聞いた話を元に作ったといわれている。

華《か》族《ぞく》の身分を捨て愛《あい》を貫《つらぬ》いた歌《か》人《じん》

柳《やなぎ》原《わら》白《びゃく》蓮《れん》

（宮《みや》崎《ざき》燁《あき》子《こ》）

柳原《やなぎわら》白蓮《びゃくれん》の一生

生没年《せいぼつねん》
1885～1967年
(享年《きょうねん》:83歳《さい》)

伝右衛門《でんえもん》との不幸な結婚《けっこん》
世間を驚《おどろ》かせた衝撃的《しょうげきてき》な離婚《りこん》

華族《かぞく》・柳原前光伯爵《やなぎわらさきみつはくしゃく》の次女として、東京都麻布《あざぶ》で誕生《たんじょう》。実母は芸者のりやう《りょう》だが、正妻《せいさい》に育てられる。

華族女子学校《かぞくじょしがっこう》を中退後《ちゅうたいご》、北小路資武《きたこうじすけたけ》と結婚《けっこん》し、男子を生むが結婚《けっこん》から5年後に離婚《りこん》する。

1908年に、東洋英和女学校に入学。在学《ざいがく》中に歌人・佐佐木信綱《ささきのぶつな》に和歌を習い、後に翻《ほん》訳者《やくしゃ》となる村岡花子《むらおかはなこ》と親交を深める。

1911年、九州で25歳《さい》年上の炭鉱王《たんこうおう》・伊《い》藤《とう》伝右衛門《でんえもん》と再婚《さいこん》。結納金《ゆいのうきん》として伊藤家《いとうけ》から柳原家《やなぎわらけ》に現在《げんざい》の価値《かち》で億単位の金額《きんがく》が支払《しはら》われ、金で買われたも同然の結婚《けっこん》だった。

伝右衛門《でんえもん》から飾《かざ》り物《もの》のような扱《あつか》いを受け、嫁《とつ》ぎ先《さき》に味方はおらず、やがて作歌に没頭《ぼっとう》するようになる。この頃《ころ》から白蓮《びゃくれん》というペンネームを使うようになり、1915年には、初の歌集『踏絵《ふみえ》』を自費出版《しゅっぱん》した。

1920年、雑誌《ざっし》「解放《かいほう》」に連載《れんさい》中だった戯《ぎ》曲《きょく》『指鬘外道《しまんげどう》』を単行本化するにあたり、「解《かい》放《ほう》」の編集《へんしゅう》を任《まか》されていた東大生・宮崎龍介《みやざきりゅうすけ》が白蓮《びゃくれん》を訪《たず》ねた。次第に二人はひかれあい、白蓮《びゃくれん》は伝右衛門《でんえもん》のもとを去り、7歳《さい》年下の龍《りゅう》介《すけ》といっしょに生きることを決意。その決意を表明するように朝日新聞の紙面に伝右衛門《でんえもん》への絶縁状《ぜつえんじょう》を公開した。女性《じょせい》から離婚《りこん》できない時代にあって、「私《わたし》は金力でもって女性《じょせい》の人格的尊厳《じんかくてきそんげん》を無視《むし》するあなたに永久《えいきゅう》に決別を告げます」との白蓮《びゃくれん》の文章は世間を驚《おどろ》かせた。

ただの平民になるが
望みの生活を手に入れる

白蓮《びゃくれん》は伝右衛門《でんえもん》と離縁《りえん》できたが、柳原家《やなぎわらけ》は白蓮《びゃくれん》と龍介《りゅうすけ》の結婚《けっこん》を許《ゆる》さず、白蓮《びゃくれん》が龍介《りゅうすけ》と結《けっ》婚《こん》できたのは1923年になってからだった。

華族《かぞく》の身分をはく奪《だつ》され、ただの平民となった白蓮《びゃくれん》は、病気の夫を支《ささ》えつつ作品を発表。歌集『流転《るてん》』や『筑紫集《つくししゅう》』、自伝的小説『荊棘《いばら》の実《み》』など生活のために執筆《しっぴつ》を続けた。

また、龍介《りゅうすけ》との間に生まれ長男・香織《かおり》が戦死したことをきっかけに国際悲母《こくさいひぼ》の会《かい》を設立《せつりつ》。全国で講演《こうえん》を行い、反戦を訴《うった》えた。

晩年《ばんねん》は穏《おだ》やかな日々を送り、1967年、龍《りゅう》介《すけ》に見守られながら83歳《さい》でこの世を去った。

なでしこたちの秘話《ひわ》

伝右衛門《でんえもん》と結婚後、無教養な人々にいらだった白《びゃく》蓮《れん》は公家《くげ》としての風習を伊藤家《いとうけ》に持《も》ち込《こ》んだ。

家族のことは「お上《かみ》」、使用人は「お下《しも》」と呼《よ》ぶように使用人に言ったり、寝《ね》る前には「おやすみあそばせ」と額《ひたい》を畳《たたみ》に着くほど下げさせるなど、公《く》家《げ》言葉や公家《くげ》風の立《た》ち居振《いふ》る舞《ま》いを使用人たちに学ばせた。その厳《きび》しいしつけは伊藤家《いとうけ》の人々や使用人たちから大いに嫌《きら》われたという。

明治・大正・昭和を生きぬいた小説家

野《の》上《がみ》弥《や》生《え》子《こ》

（ヤエ／野《の》上《かみ》八《や》重《え》子《こ》／野《の》上《かみ》彌《や》生《え》子《こ》）

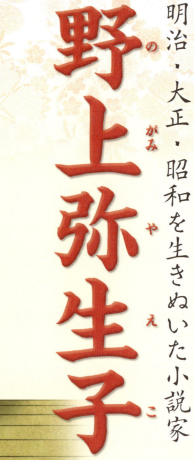

野《の》上《がみ》弥《や》生《え》子《こ》の一生

生没年《せいぼつねん》
1885～1985年
(享年《きょうねん》:101歳《さい》)

女として、母として、作家として全力で生きていく

大分県北《きた》海《あま》部《べ》郡《ぐん》臼《うす》杵《き》町《まち》（現在《げんざい》の臼《うす》杵《き》市《し》福《ふく》良《ら》）にて酒造家《しゅぞうか》の娘として生まれる。少女の頃《ころ》から古典文学に親しんだ。

上京後、明治女学校に入学。普通《ふつう》科・高等科あわせて６年間在学《ざいがく》し、この時に小説家・夏目漱石《なつめそうせき》の弟子で同郷《どうきょう》の野上豊一郎《のがみとよいちろう》と交際《こうさい》を始める。

女学校を卒業後、父の反対を押《お》し切《き》って豊《とよ》一郎《いちろう》と結婚《けっこん》。弥生子《やえこ》は豊一郎《とよいちろう》と共に、漱石《そうせき》の門下となり、その影響《えいきょう》を強く受ける。

1907年、弥生子《やえこ》初の小説『縁《えにし》』を雑誌《ざっし》「ホトトギス」に発表し、作家デビュー。『父親《ちちおや》と三人の娘《むすめ》』や『テレジャの悲《かな》しみ』など、中編《ちゅうへん》・短編《たんぺん》小説を執筆《しっぴつ》していく。

日本初の女性文芸誌《じょせいぶんげいし》「青鞜《せいとう》」の創刊《そうかん》には、寄稿家《きこうか》として傍観者的《ぼうかんしゃてき》な立場で協力した。弥《や》生子《えこ》は女性《じょせい》作家同士のつきあいを好まなかったが、作家・宮本百合子《みやもとゆりこ》は「自分でもかなわない」とその知的さを高く評価《ひょうか》している。

1910年に長男・素一《そいち》を生み、次男と三男も誕生《たんじょう》。弥生子《やえこ》は母親の立場から執筆《しっぴつ》した『新《あたら》しき命《いのち》』や『母親《ははおや》の通信《つうしん》』などを発表した。

３人の子どもたちは、全員が優秀《ゆうしゅう》な学者に育っていった。

生涯現役《しょうがいげんえき》を貫《つらぬ》き死の間際《まぎわ》まで執筆《しっぴつ》を続ける

次第に人間性《にんげんせい》の深遠《しんえん》や社会批判《ひはん》が作品に込《こ》められるようになり、1922年発表の短編《たんぺん》『海《かい》神丸《じんまる》』では、極限状態《きょくげんじょうたい》におちいった漂流者《ひょうりゅうしゃ》が人肉を食べるという衝撃的《しょうげきてき》な描写《びょうしゃ》がされている。

1928年には、北軽井沢《きたかるいざわ》に建てた別荘《べっそう》に移《うつ》り住《す》み、静かな環境《かんきょう》で執筆《しっぴつ》の時間を持った。

同年、弥生子《やえこ》の代表作となる長編《ちょうへん》『真知《まち》子《こ》』を雑誌《ざっし》「改造《かいぞう》」で連載《れんさい》開始。その後も、第９回読売文学賞を受賞した全６部作の大長《だいちょう》編《へん》『迷路《めいろ》』や、第３回女流文学賞を受賞した長編《ちょうへん》『秀吉《ひでよし》と利休《りきゅう》』など、評価《ひょうか》の高い作品を生み出していった。1971年には、文化勲章《くんしょう》を受章した。

明治女学校時代をモデルにした自伝的小説『森《もり》』は未完の遺作《いさく》となったが、弥生子《やえこ》は亡《な》くなる間際《まぎわ》まで筆を取り、101歳《さい》で死去した。

なでしこたちの秘話《ひわ》

関東大震災《だいしんさい》が起こった年である1923年の７月31日から1985年３月13日までの62年間、弥生子《やえこ》は日記を書き続けた。

その日記はノート119冊《さつ》分にもなり、後に刊行《かんこう》された『岩波版全集《いわなみばんぜんしゅう》』第２期全29巻《かん》のうちの19巻《かん》分を占《し》めた。膨大《ぼうだい》な量となった日記には、初恋《はつこい》の出来事や夫・豊一郎《とよいちろう》への不満や怒《いか》りなど、弥生子《やえこ》の率直《そっちょく》な思いがつづられている。

千《せん》里《り》眼《がん》と呼《よ》ばれた透《とう》視《し》能《のう》力《りょく》者《しゃ》

御《み》船《ふね》千《ち》鶴《ず》子《こ》

御《み》船《ふね》千《ち》鶴《ず》子《こ》の一生

生没年《せいぼつねん》
1886～1911年
(享年《きょうねん》:26歳《さい》)

義《ぎ》兄《けい》の催《さい》眠《みん》術《じゅつ》で透《とう》視《し》能《のう》力《りょく》を開花

漢方医院を開く医者の娘《むすめ》として、熊《くま》本《もと》県《けん》に生まれる。口数が少なく性《せい》格《かく》はおとなしかったが、勘《かん》のするどい娘《むすめ》だった。

17歳《さい》頃《ごろ》、姉の夫・清《きよ》原《はら》猛《たけ》雄《お》の催《さい》眠《みん》術《じゅつ》によって透《とう》視《し》能《のう》力《りょく》を使えるという暗《あん》示《じ》をかけられ、実《じっ》際《さい》に透《とう》視《し》能《のう》力《りょく》を使えるようになる。

その後、猛《たけ》雄《お》は実験として、日《にち》露《ろ》戦《せん》争《そう》時に軍《ぐん》艦《かん》・常《ひ》陸《たち》丸《まる》に第六師《し》団《だん》の兵士が乗《の》り込《こ》んでいるかを透《とう》視《し》させた。すると、千《ち》鶴《ず》子《こ》は「第六師《し》団《だん》の兵士はいったん長《なが》崎《さき》を出発したが、途《と》中《ちゅう》で故《こ》障《しょう》して引き返した。常《ひ》陸《たち》丸《まる》には乗《の》り込《こ》んでいない」と返答。

それから3日後、第六師《し》団《だん》所《しょ》属《ぞく》の兵士から家族への通信があり、千《ち》鶴《ず》子《こ》の言葉がすべて正しかったことが証《しょう》明《めい》された。

大学教《きょう》授《じゅ》による透《とう》視《し》能《のう》力《りょく》実験

東京帝《てい》国《こく》大学で心理学を研究する福《ふく》来《らい》友《とも》吉《きち》は千《ち》鶴《ず》子《こ》の力に興《きょう》味《み》を抱《いだ》き、様々な実験を試みる。京都大学の前身となる京都帝《てい》国《こく》大学の教《きょう》授《じゅ》・今《いま》村《むら》新《しん》吉《きち》も実験に協力した。

70回を超《こ》える実験の結果は大変よく、友《とも》吉《きち》は千《ち》鶴《ず》子《こ》の透《とう》視《し》能《のう》力《りょく》を信じたが、他の学者たちは不正を疑《うたが》った。千《ち》鶴《ず》子《こ》が透《とう》視《し》を行う時に人々に対して背《せ》を向けていたせいで、彼《かの》女《じょ》の手元にある透《とう》視《し》の対象物が確《かく》認《にん》できないためだった。

しかし、見られていると集中できないと、千《ち》鶴《ず》子《こ》は正面を向くことを嫌《いや》がった。そこで、友《とも》吉《きち》は千《ち》鶴《ず》子《こ》の顔を隠《かく》し、正面を向かせた状《じょう》態《たい》で実験を行う。その的《てき》中《ちゅう》率《りつ》は約50パーセントであった。

千《ち》鶴《ず》子《こ》の透《とう》視《し》能《のう》力《りょく》は新聞で取り上げられ、千《ち》鶴《ず》子《こ》は「千《せん》里《り》眼《がん》」として全国で名を知られるようになる。

友《とも》吉《きち》は千《ち》鶴《ず》子《こ》の能《のう》力《りょく》が本物であると確《かく》信《しん》したが、物理学者は能《のう》力《りょく》を否《ひ》定《てい》し、新聞も能《のう》力《りょく》はインチキだと書きたてはじめた。数々の中《ちゅう》傷《しょう》にさらされた千《ち》鶴《ず》子《こ》は1911年、自ら毒を飲み自殺した。中《ちゅう》傷《しょう》に耐《た》えかねたからか、能《のう》力《りょく》の減《げん》退《たい》に悩《なや》んだためか、自殺の理由は知られていない。

なでしこが生きた時代

福来友吉《ふくらいともきち》は千《ち》鶴《ず》子《こ》のほかに不思議な力を持つ者たちを研究していた。その中の一人、長《なが》尾《お》郁《いく》子《こ》は念写能力者《のうりょくしゃ》であり、彼《かの》女《じょ》が念写した写真を発見した友吉《ともきち》は、世界で最初に念写を発見した人物とされた。

しかし、これらの研究により東京帝《てい》国《こく》大学を辞めさせられ、後に財《ざい》団《だん》法人・大日本心《しん》霊《れい》研究所の所長になる。そして、60歳の時にロンドンで開《かい》催《さい》された国《こく》際《さい》心《しん》霊《れい》大会に出席し、念写の研究を発表した。

松《まつ》井《い》須《す》磨《ま》子《こ》

（小《こ》林《ばやし》正《まさ》子《こ》）

日本の近代演劇《えんげき》で名声を得た天才女優《じょゆう》

松井須磨子《まついすまこ》の一生

生没年《せいぼつねん》
1886～1919年
(享年《きょうねん》:34歳《さい》)

女優《じょゆう》を目指し 文芸協会付属演劇《ふぞくえんげき》研究所の生徒に

長野県埴科郡《はにしなぐん》清野村（現在《げんざい》の松代町清野《まつしろまちきよの》）の松代藩士《まつしろはんし》の娘《むすめ》・正子《まさこ》として誕生《たんじょう》。

幼少時《ようしょうじ》に親戚《しんせき》の養女になるが、養父が他界して実家に戻《もど》ると、その後実父も失う。

姉を頼《たよ》りに上京し、現在《げんざい》の戸板女子短期大学である戸板裁縫《さいほう》学校卒業後、割烹《かっぽう》旅館に嫁《とつ》ぐが、病気になり離縁《りえん》。

1908年、筑波《つくば》大学の前身となる東京高等師範《しはん》学校の学生だった前沢誠助《まえざわせいすけ》と再婚《さいこん》。その後中学教師《きょうし》となり、俳優《はいゆう》学校でも教えていた誠助《せいすけ》に、正子《まさこ》は女優《じょゆう》になるようすすめられる。

1909年、女優《じょゆう》育成のため文芸協会付属演《ふぞくえん》劇《げき》研究所が設立《せつりつ》される。研究所の生徒になった正子《まさこ》は研究所の主宰《しゅさい》であり作家の坪内逍遙《つぼうちしょうよう》、島村抱月《しまむらほうげつ》らに指導《しどう》を受けた。やがて演劇《えんげき》にのめり込《こ》んでいった正子《まさこ》は誠助《せいすけ》と離縁《りえん》した。

1911年、帝国劇場《ていこくげきじょう》での研究所の第1回公《こう》演《えん》『ハムレット』でオフィーリア役を演《えん》じる。この時から、松井須磨子《まついすまこ》と名乗るようになる。

同年の公演《こうえん》『人形の家』では、主役・ノラを演《えん》じた。まるで人形のような妻《つま》だったノラが、一人の人間として夫のもとに出る姿《すがた》を見事に演《えん》じ、客席を圧倒《あっとう》。須磨子《すまこ》は日本一の女《じょ》優《ゆう》として脚光《きゃっこう》をあびる。話題作となった『人形の家』は帝国劇場《ていこくげきじょう》で再演《さいえん》され、女性文芸誌《じょせいぶんげいし》「青鞜《せいとう》」でノラ特集が組まれるほどであった。

大女優《じょゆう》としての成功と 突然《とつぜん》の悲劇《ひげき》

第3回公演《こうえん》の頃《ころ》には、師《し》であり妻《つま》を持つ抱《ほう》月《げつ》と恋愛《れんあい》関係になる。人気女優《じょゆう》のスキャンダルは世間をにぎわせ、劇団《げきだん》内でも問題になり、須磨子《すまこ》は、妻《つま》も劇団《げきだん》も捨《す》てた抱月《ほうげつ》と新しい劇《げき》団《だん》・芸術座《げいじゅつざ》を結成。『モンナ・ワンナ』『海の夫人』『サロメ』『復活《ふっかつ》』などを公演《こうえん》し、須磨《すま》子《こ》は主役を演《えん》じた。

特に『復活《ふっかつ》』は話題を呼《よ》び、4年間のうちに全国で444回を公演《こうえん》。劇中《げきちゅう》で歌われた『カチューシャの唄《うた》』とあわせて大ブームとなり、須磨子《すまこ》の名前は全国に知《し》れ渡《わた》った。

しかし、1918年に抱月《ほうげつ》がスペインかぜで急逝《きゅうせい》。深く悲しんだ須磨子《すまこ》は、その抱月《ほうげつ》の死の翌年《よくねん》、自ら命を絶《た》った。

なでしこたちの秘話《ひわ》

文芸協会付属演劇《ふぞくえんげき》研究所では、実技《じつぎ》のほかに演劇《えんげき》史《し》や演劇論《えんげきろん》などの勉強もあった。授業《じゅぎょう》では美術《びじゅつ》学や外国語も使われ、裁縫《さいほう》女学校に通っただけの須磨子《すまこ》には大変難《むずか》しい内容《ないよう》だった。

演《えん》じる劇《げき》の中には英書を元にやるものもあり、特に須磨子《すまこ》を悩《なや》ませた。須磨子《すまこ》は英語にすべて仮名《かな》をふりおぼえていった。家でも熱心に復習《ふくしゅう》するあまり、夫に料理を作ることを忘《わす》れるほどだったという。

世《せ》俗《ぞく》に苦しみ、心を病んだ洋画家

高《たか》村《むら》智《ち》恵《え》子《こ》

（知《ち》恵《え》／チエ）

高村智恵子《たかむらちえこ》の一生

生没年《せいぼつねん》
1886～1938年
(享年《きょうねん》:53歳《さい》)

画家としての成功と、愛する人との運命の出会い

斎藤今朝吉《さいとうけさきち》とセンの間に生まれ、母の実家である酒造家《しゅぞうか》・長沼家《ながぬまけ》に一家で入籍《にゅうせき》する。

福島高等女学校を最優秀《さいゆうしゅう》の成績《せいせき》で卒業した後、上京、日本女子大学在学《ざいがく》中に絵に興味《きょうみ》を持つようになる。大学卒業後、太平洋画会研究所《たいへいようがかいけんきゅうじょ》に通い、洋画家・中村不折《なかむらふせつ》のもとで油絵を学んだ。

女子大時代の友人・平塚《ひらつか》らいてうに頼《たの》まれ、創刊《そうかん》する女性誌《じょせいし》「青鞜《せいとう》」の表紙を描《か》く。この時に表紙に描《か》かれた、気高いギリシアの女神風の絵は「青鞜《せいとう》」のシンボルにもなった。

若《わか》き女性《じょせい》画家として注目されるようになった智恵子《ちえこ》は1911年、知人の紹介《しょうかい》で彫刻家《ちょうこくか》にして詩人の高村光太郎《たかむらこうたろう》と運命の出会いをする。

智恵子《ちえこ》と光太郎《こうたろう》の関係は親密《しんみつ》なものになり、1914年に結婚《けっこん》。

貧困《ひんこん》と家事雑事《ざつじ》の負担《ふたん》がかかり、絵を描《か》く時間を取れず、智恵子《ちえこ》は次第に体の調子を崩《くず》すようになる。しかし、自分の想いを殺してでも、光太郎《こうたろう》に尽《つ》くすのだった。

心を病んだ後に生まれた新たな芸術《げいじゅつ》

父の死や実家の倒産《とうさん》が、弱った智恵子《ちえこ》の体と心に大きな追い打ちをかけていく。

心のよりどころを失ってしまった智恵子《ちえこ》は、ついに精神《せいしん》を病み、統合失調症《とうごうしっちょうしょう》を発症《はっしょう》。1932年には、遺書《いしょ》を残して、睡眠薬《すいみんやく》による自殺を図っている。

自殺は未遂《みすい》に終わったものの、智恵子《ちえこ》の症状《しょうじょう》は改善《かいぜん》されることなく、1935年、品川のゼームス坂病院に入院。入院から約3年後、53歳《さい》で息を引き取った。

入院中、世俗《せぞく》のしがらみから解放《かいほう》された智《ち》恵子《えこ》は思いのまま、紙を切りぬき花や食べ物などの形を作る紙絵を作っていった。

紙絵で新たな才能《さいのう》を発揮《はっき》した智恵子《ちえこ》は1000点を超《こ》える数の膨大《ぼうだい》な作品を残す。それはすべて、光太郎《こうたろう》に見せるために作られたものだった。

智恵子《ちえこ》の死後、光太郎《こうたろう》は智恵子《ちえこ》に関する詩をまとめた詩集『智恵子抄《ちえこしょう》』を発表する。この詩集が光太郎《こうたろう》を国民的な詩人へと導《みちび》いた。

なでしこたちの秘話《ひわ》

智恵子《ちえこ》は両親がすすめてきた縁談《えんだん》を断《ことわ》って、1914年に光太郎《こうたろう》と結婚《けっこん》した。二人は結婚《けっこん》しても法的な届《とど》け出《で》はせず、智恵子《ちえこ》の名前は旧姓《きゅうせい》の長沼《ながぬま》のままだった。

しかし、智恵子《ちえこ》が統合失調症《とうごうしっちょうしょう》を発症《はっしょう》させた後、光《こう》太郎《たろう》は婚姻届《こんいんとどけ》を提出《ていしゅつ》した。一般的《いっぱんてき》なしきたりに従《したが》うことをよしとしなかったが、心を病んでしまった智《ち》恵子《えこ》への、光太郎《こうたろう》の思いやりだった。

華《か》麗《れい》なる舞《ぶ》台《たい》で人々を魅《み》了《りょう》した奇《き》術《じゅつ》の女王

松《しょう》旭《きょく》斎《さい》天《てん》勝《かつ》

（中《なか》井《い》勝《かつ》／中《なか》井《い》かつ）

松旭斎天勝《しょうきょくさいてんかつ》の一生

生没年《せいぼつねん》
1886～1944年
(享年《きょうねん》:59歳《さい》)

奇術師《きじゅつし》に弟子入りし、あっという間に花形スターへ

東京の神田で質屋《しちや》を営《いとな》む中井栄次郎《なかいえいじろう》の娘《むすめ》として生まれる。どん底の貧乏《びんぼう》生活を送る中、日本の奇術《きじゅつ》の創始者《そうししゃ》・松旭斎天一《しょうきょくさいてんいち》の目にとまり、弟子入りする。

恵《めぐ》まれた奇術《きじゅつ》の才能《さいのう》と生まれ持った美しい顔立ちによりスターへの道をかけのぼり、若《わか》くして一座の花形となった。

一座《いちざ》いちの人気を誇《ほこ》り、天一《てんいち》から優遇《ゆうぐう》された天勝《てんかつ》は他の座員《ざいん》たちから憎《にく》まれたが、持ち前の勝気な性分《しょうぶん》でそれらをはねのけた。

1901 年には、一座《いちざ》はアメリカ巡業《じゅんぎょう》に出発。天勝《てんかつ》演《えん》じる日本の伝統芸《でんとうげい》「水芸」が人気を呼《よ》ぶ。続いて訪《おとず》れたヨーロッパでも天勝《てんかつ》の芸は賞賛《しょうさん》され、「東洋の美女」として名をはせた。

天一《てんいち》の死後、天勝《てんかつ》は松旭斎天勝一座《しょうきょくさいてんかついちざ》を結成し、座長《ざちょう》になった。

常《つね》に新しい表現《ひょうげん》を模索《もさく》し観客を喜ばせ続けた奇術《きじゅつ》の女王

マネージャーの野呂辰之助《のろたつのすけ》と結婚後《けっこんご》、辰之《たつの》助《すけ》のたしかな企画力《きかくりょく》によって、天勝《てんかつ》の一座《いちざ》の人気は全盛期《ぜんせいき》を迎《むか》える。天勝《てんかつ》は「奇術《きじゅつ》の女王」と賞賛《しょうさん》される存在《そんざい》になった。

一座《いちざ》は 120 人を超《こ》える大一座《おおいちざ》になり、「水中美人」、「月世界突入《とつにゅう》」など 1000 を超《こ》える新しい奇術《きじゅつ》を次々と生み出していった。

1915 年には、女優《じょゆう》の松井須磨子《まついすまこ》や川上貞奴《かわかみさだやっこ》などが演《えん》じた舞台《ぶたい》『サロメ』を、ダンスと奇術《きじゅつ》を駆使《くし》した大胆《だいたん》な構成《こうせい》で仕上げて上演《じょうえん》してみせたが、これも大ヒットする。

それまで日本にはなかった寸劇《すんげき》やジャズ演奏《えんそう》などを取り入れた華《はな》やかな舞台《ぶたい》は、大人から子どもまで楽しめるもので、一座《いちざ》の公演《こうえん》は全国で行われ、多くの観客を喜ばせた。

しかし、夫・辰之助《たつのすけ》の死後、50 代になった天勝《てんかつ》は引退《いんたい》を決意。天勝《てんかつ》のさよなら公演《こうえん》には、多くの観客が集まった。

晩年《ばんねん》には東京外国語大学の元教授《きょうじゅ》・金沢一郎《かなざわいちろう》と再婚《さいこん》するも、翌年《よくねん》、一郎《いちろう》と死別。

その後、59 歳《さい》で、多くのファンに惜《お》しまれながらこの世を去った。

芸人と女性《じょせい》に対する世間の偏見《へんけん》に負けず、表現者《ひょうげんしゃ》としての人生をまっとうした人だった。

なでしこたちの秘話《ひわ》

天一一座《てんいちいちざ》がアメリカを巡業中《じゅんぎょうちゅう》、総理大臣《そうりだいじん》だった伊藤博文《いとうひろぶみ》に日本領事館《りょうじかん》で芸を披露《ひろう》することになった。

天勝《てんかつ》が舞台上で水芸を披露《ひろう》している時、博文《ひろぶみ》が楽しんでいるのを見た天勝《てんかつ》はわざと博文《ひろぶみ》の顔に水をかけた。周りが驚《おどろ》く中、博文《ひろぶみ》はまるで子どもにイタズラされた老人のように喜んだという。

天勝《てんかつ》を気に入った博文《ひろぶみ》は、その後も天勝《てんかつ》をひいきにし、いっしょに食事をとったりもした。

女性《じょせい》解放《かいほう》運動の先駆者《せんくしゃ》となった「新しい女」

平塚《ひらつか》らいてう《らいちょう》

(平塚《ひらつか》雷鳥《らいちょう》/平塚《ひらつか》明子《はるこ》)

平塚《ひらつか》らいてう《らいちょう》の一生

生没年《せいぼつねん》
1886～1971年
(享年《きょうねん》:86歳《さい》)

日本初の女性文芸誌《じょせいぶんげいし》発行 女性解放《じょせいかいほう》を宣言《せんげん》

高級官僚《かんりょう》を父に持つ三姉妹の三女・明《はる》として誕生《たんじょう》。1906年、日本女子大学校を卒業。在学《ざいがく》中から哲学書《てつがくしょ》を読み、禅《ぜん》の修行《しゅぎょう》を行っていた。その後、英語を学ぶため都立白鷗《はくおう》高等学校に併合《へいごう》された成美女学校へ入学。文学研究会に参加し、作家の生田長江《いくたちょうこう》や森田草平《もりたそうへい》、歌人・与謝野晶子《よさのあきこ》を講師《こうし》に、短歌や小説を習った。

その後、妻子《さいし》ある草平《そうへい》と交際《こうさい》関係になって心中未遂《みすい》を起こし、世間の非難《ひなん》をあびる。

これをきっかけとして長江《ちょうこう》にすすめられたこともあり、女性《じょせい》だけの文芸誌《ぶんげいし》を作ることを決意。母・光沢《つや》が娘《むすめ》の結婚《けっこん》費用としてためていたお金を創刊《そうかん》費用にし、1911年に日本初の女性文芸誌《じょせいぶんげいし》「青鞜《せいとう》」を発行。この頃《ころ》から、明《はる》は平塚《ひらつか》らいてう《らいちょう》の名で活動を始める。

らいてう《らいちょう》が「青鞜《せいとう》」創刊《そうかん》号に載《の》せた「元始《げんし》、女性《じょせい》は実に太陽であった」から始まる文章は名文とされ、女性解放《じょせいかいほう》運動の宣言《せんげん》となった。

世間やマスコミはらいてう《らいちょう》を「新しい女」と笑い、非難《ひなん》。しかし、らいてう《らいちょう》はそれを逆手に「私《わたし》は新しい女である」という一文を発表して、真っ向からぶつかり、婦人《ふじん》問題への世間の関心を高めていった。

その後、「青鞜《せいとう》」は文芸誌《ぶんげいし》から女性解放誌《じょせいかいほうし》へ内容《ないよう》を変えていく。3回の発売禁止処分《きんししょぶん》を受け、警察《けいさつ》に雑誌《ざっし》を押収《おうしゅう》されることもあった。

女性《じょせい》の地位向上のため 奮闘《ふんとう》の日々

1914年、らいてう《らいちょう》は3歳《さい》年下の奥村博《おくむらひろし》と恋仲《こいなか》になり、同棲《どうせい》。事実上の結婚《けっこん》だったが、法律《ほうりつ》上の結婚《けっこん》をらいてう《らいちょう》が嫌《きら》ったため、博《ひろし》の了承《りょうしょう》を得た上で夫婦別姓《ふうふべっせい》の共同生活となった。

長女・曙生《あけみ》と長男・敦史《あつし》を生んだ後、与謝野晶子《よさのあきこ》と母性保護論争《ぼせいほごろんそう》を繰《く》り広《ひろ》げ、「子を持つ母親の保護《ほご》は国の責任《せきにん》」だと訴《うった》える。

1920年には婦人《ふじん》運動家・市川房枝《いちかわふさえ》と新婦人《しんふじん》協会《きょうかい》を設立《せつりつ》。婦人参政権《ふじんさんせいけん》と母性擁護《ぼせいようご》のため活動、2000名以上の署名《しょめい》を集める。さらに男女機会均等《きんとう》、価値《かち》同等などを掲《かか》げたが、らいてう《らいちょう》が体調を崩《くず》し、結成から約3年で解散《かいさん》した。

終戦後、復帰《ふっき》したらいてう《らいちょう》は平和運動や婦人《ふじん》運動の先頭に立ち続け、86歳《さい》で死去した。

なでしこたちの秘話《ひわ》

子どもの頃《ころ》から形式的で不自由なことを嫌《きら》う気質《きしつ》だったらいてう《らいちょう》。後のお茶の水女子大学附属《ふぞく》高等学校である東京女子高等師範《しはん》学校附属《ふぞく》高等女学校の3年生だった時のこと。歴史の授業《じゅぎょう》で聞いた海賊集《かいぞくしゅう》団《だん》「倭寇《わこう》」の話にらいてう《らいちょう》は大感激《だいかんげき》。仲よしの友だちと「海賊組《かいぞくぐみ》」を名乗り、道徳《どうとく》を習う修身《しゅうしん》の授業《じゅぎょう》をさぼったり、身なりをわざとかまわなかったりして、世間が求める「女らしさ」に反抗《はんこう》してみせた。

岡《おか》本《もと》かの子《こ》（カノ／大《おお》貫《ぬき》可《か》能《の》子《こ》）

歌人から小説家へ転身した才女

岡本《おかもと》かの子《こ》の一生

生没年《せいぼつねん》
1889～1939年
(享年《きょうねん》:51歳《さい》)

才能《さいのう》を開花させるも不幸が重なりノイローゼに

大地主にして旧家《きゅうか》出身の父を持つ、10人兄妹の長女として誕生《たんじょう》。

文学青年の兄・晶川《しょうせん》の影響《えいきょう》から早くに文学に目覚め、『源氏《げんじ》物語』や『万葉集《まんようしゅう》』などの古典を楽しんだ。

跡見《あとみ》女学校に在学《ざいがく》中から歌人・与謝野晶子《よさのあきこ》に師事《しじ》。雑誌《ざっし》「明星《みょうじょう》」や「スバル」に短歌を投稿《とうこう》し続け、歌の才能《さいのう》を認《みと》められる。

1910年、東京芸術《げいじゅつ》大学の前身となる東京美術《びじゅつ》学校の学生・岡本一平《おかもといっぺい》から熱烈《ねつれつ》なプロポーズを受け、かの子《こ》は一平《いっぺい》と結婚《けっこん》。

翌年《よくねん》には、後に有名な洋画家となる長男・岡本太郎《おかもとたろう》を生む。太郎《たろう》を生んだ同年、女性文《じょせいぶん》芸誌《げいし》「青鞜《せいとう》」に参加し、短歌を発表する。

しかし、強い個性《こせい》を持ったかの子《こ》と一平《いっぺい》は衝突《しょうとつ》を重ね、結婚《けっこん》生活はうまくいかなかった。漫画家《まんがか》として成功を収《おさ》めた一平《いっぺい》は遊び歩くようになり、実家の没落《ぼつらく》、兄や母親の死と不幸が重なったかの子《こ》は強いノイローゼで入院する。

深く後悔《こうかい》した一平《いっぺい》は、その後の人生すべてをかの子《こ》の創作《そうさく》活動のために使うことを決意。かの子《こ》の浮気《うわき》相手との同居《どうきょ》まで黙認《もくにん》した。

かの子《こ》と一平《いっぺい》は人生を建て直すため、宗教《しゅうきょう》に救いを求める。かの子《こ》は仏教《ぶっきょう》にのめり込《こ》み、仏教《ぶっきょう》研究家としても活躍《かつやく》するようになった。

わずか3年だけの作家生活

1929年、最後の歌集として『わが最終歌集』を出版《しゅっぱん》した後、家族3人でヨーロッパ旅行へ旅立った。豪華《ごうか》な旅を続けたかの子《こ》は、旅の中でイギリスの政治家《せいじか》ウィンストン・チャーチルと対談している。

帰国したかの子《こ》は作家に転身。1936年に作家・芥川龍之介《あくたがわりゅうのすけ》をモデルにした小説『鶴《つる》は病《や》みき』でデビュー。その後も精力的《せいりょくてき》に活動。『母子叙情《ぼしじょじょう》』や『金魚撩乱《きんぎょりょうらん》』など次々と作品を発表して、小説家として高い評価《ひょうか》を受ける。

しかし、作家デビューからわずか3年後、脳溢血《のういっけつ》でたおれ、51歳《さい》の生涯《しょうがい》を閉《と》じた。

かの子《こ》の死後、一平《いっぺい》の手により『河明《かわあか》り』や『雛妓《おしゃく》』など遺作《いさく》となる作品が発表された。

なでしこたちの秘話《ひわ》

8歳頃《さいごろ》から歌のようなものを詠《よ》んでいたかの子《こ》だが、その才能《さいのう》にいち早く注目したのは、実の兄・晶川《しょうせん》だった。

東京大学の前身となる東京帝国《ていこく》大学で文学を学び、谷崎潤一郎《たにざきじゅんいちろう》と学友でもあった晶川《しょうせん》。「自分よりも妹の才能《さいのう》は上だ」と、その才能《さいのう》を育てようとするあまり過保護《かほご》が行《い》き過《す》ぎ、かの子宛《こあて》のラブレターをすべて開《あ》け、中身を確認《かくにん》していたという。

外国文学『赤毛《あかげ》のアン』を翻訳《ほんやく》した児童文学作家

村《むら》岡《おか》花《はな》子《こ》

（安《あん》中《なか》はな）

村岡花子《むらおかはなこ》の一生

生没年《せいぼつねん》
1893～1968年
(享年《きょうねん》:76歳《さい》)

女学院での経験《けいけん》から翻訳家《ほんやくか》・作家を目指す

山梨県甲府市《やまなしけんこうふし》で、葉茶屋を営《いとな》む父・安中逸《あんなかいっ》平《ぺい》とてつの間に生まれる。6歳《さい》の時に上京し、1903年、東洋英和女学院の前身となる東洋英和女学校に給費生の立場で入学。

歌人・佐佐木信綱《ささきのぶつな》主宰《しゅさい》の竹柏会《ちくはくかい》に参加し、古典や短歌を学ぶ。信綱《のぶつな》の紹介《しょうかい》で歌人・片山《かたやま》廣子《ひろこ》に出会い、廣子《ひろこ》のすすめで童話を書くようになる。また、作家・森鷗外《もりおうがい》の訳したアンデルセンの『即興詩人《そっきょうしじん》』に感銘《かんめい》を受け、翻訳《ほんやく》家《か》になる夢《ゆめ》を抱《いだ》くようになる。

在学《ざいがく》中からキリスト教系婦人団体《ふじんだんたい》・矯風会《きょうふうかい》が発行する機関誌《きかんし》「婦人新報《ふじんしんぽう》」の編集《へんしゅう》に携《たずさ》わり、短編《たんぺん》小説や翻訳《ほんやく》小説を掲載《けいさい》した。

女学院を卒業後、故郷《こきょう》に戻《もど》った花子《はなこ》は実家の家計を支《ささ》えるため、山梨《やまなし》で教師《きょうし》になる。

1919年、教師《きょうし》を辞めて再《さい》上京。キリスト教系出版社《けいしゅっぱんしゃ》で婦人《ふじん》・子ども向けの本の翻訳《ほんやく》と編集《へんしゅう》に携《たずさ》わる。その頃《ころ》、福音印刷《ふくいんいんさつ》の支社長《ししゃちょう》・村岡儆三《むらおかけいぞう》と出会い、ひかれあう。結核《けっかく》を患《わずら》った儆三《けいぞう》の妻《つま》の存在《そんざい》に良心がとがめたがその後、二人は結婚《けっこん》。翌年《よくねん》、長男・道雄《みちお》を産む。1923年、関東大震災《かんとうだいしんさい》の影響《えいきょう》で福音印刷《ふくいんいんさつ》が倒《とう》産《さん》。出版社兼《しゅっぱんしゃけん》印刷所・青蘭社《せいらんしゃ》を自宅《じたく》に設立《せつりつ》した。

友人から譲《ゆず》り受《う》けた『赤毛《あかげ》のアン』の翻訳《ほんやく》へ

1927年、マーク・トウェインの『王子《おうじ》と乞食《こじき》』を翻訳《ほんやく》し出版《しゅっぱん》。創作《そうさく》童話にも力を入れ、『桃色《ももいろ》の玉子』、『紅《あか》い薔薇《ばら》』などの作品を発表した。

1932年には、ＮＨＫ《エヌエイチケイ》の前身となるＪＯＡＫ《ジェーオーエーケー》のラジオ『コドモの新聞《しんぶん》』の放送を担当《たんとう》し、「ラジオのおばさん」として全国に親しまれた。教文館《きょうぶんかん》の同僚《どうりょう》、カナダ人宣教師《せんきょうし》ミス・ショーからルーシー・モンゴメリの『アン・オブ・グリン・ゲイブルズ』を譲《ゆず》られ、翻訳《ほんやく》を開始。1952年に『赤毛《あかげ》のアン』の名で出《しゅっ》版《ぱん》。アンは少女たちに愛され、その後、10冊《さつ》ものアンシリーズを翻訳《ほんやく》した。『若草物語《わかくさものがたり》』や『あしながおじさん』などの翻訳《ほんやく》も手がけた。

作家活動だけでなく、日本ユネスコ協会連《きょうかいれん》盟《めい》副会長、東京婦人会《ふじんかい》理事長などの役職《やくしょく》につき、はば広い社会活動にも参加していた。

なでしこたちの秘話《ひわ》

日本が軍国主義《しゅぎ》に傾《かたむ》き、後ろ髪《がみ》をひかれる思いで帰国を決めたミス・ショーは「いつか平和が訪《おとず》れる。そうしたら、花子《はなこ》の手でこれを紹介《しょうかい》してほしい」と『アン・オブ・グリン・ゲイブルズ』を譲《ゆず》った。

花子《はなこ》はショーへの友情《ゆうじょう》の証《あかし》として、『アン』の翻《ほん》訳《やく》に取りかかる。戦中にも敵性語《てきせいご》だった英語の翻訳《ほんやく》を続けた。空襲《くうしゅう》があった時には、風呂敷《ふろしき》に包んだ翻《ほん》訳原稿《やくげんこう》を抱《かか》えて、防空壕《ぼうくうごう》に避難《ひなん》したという。

市《いち》川《かわ》房《ふさ》枝《え》
（ふ《ふ》さ《さ》ゑ《え》）

女《じょ》性《せい》参《さん》政《せい》権《けん》獲《かく》得《とく》のため戦い続けた婦《ふ》人《じん》運動家

市川房枝《いちかわふさえ》の一生

生没年《せいぼつねん》
1893～1981年
(享年《きょうねん》:89歳《さい》)

虐《しいた》げられる母の姿《すがた》に女性《じょせい》の権利《けんり》を考える

農家に生まれながら、父のすすめにより愛知県女子師範《しはん》学校に通い、当時の百姓《ひゃくしょう》としては分不相応《ぶんふそうおう》な教育を受ける。父に暴力《ぼうりょく》を振《ふ》るわれながらも耐《た》え忍《しの》ぶ母の姿《すがた》を見て、「女はなぜ嫌《いや》なことを我慢《がまん》して暮《く》らさないといけないのだろう」と自問するようになる。

小学校の教師《きょうし》や女性《じょせい》記者を経《へ》た後に上京。女性解放《じょせいかいほう》運動家の平塚《ひらつか》らいてう《らいちょう》と出会い、1920年、彼女《かのじょ》と共に新婦人協会《しんふじんきょうかい》を設立《せつりつ》。治《ち》安警察法《あんけいさつほう》の一部改正に成功し、それまで禁止《きんし》されていた政治《せいじ》集会への女性《じょせい》参加や発起ができるようになる。

1921年、新婦人協会《しんふじんきょうかい》を離《はな》れた房枝《ふさえ》はアメリカに渡《わた》る。アメリカ人女性《じょせい》が初めて参政権《さんせいけん》を得た姿《すがた》を目の当たりにする。また、女性《じょせい》運動家のアリス・ポールの言葉「女性《じょせい》のことは女《じょ》性《せい》自身でしなければならない」に感銘《かんめい》を受け、日本でも女性《じょせい》の参政権獲得《さんせいけんかくとく》が必要だと確信《かくしん》。

帰国した房枝《ふさえ》は、国際《こくさい》労働機関・ＩＬＯ《アイエルオー》に就職《しゅうしょく》。４年間勤《つと》めて、女性《じょせい》問題を手がけた。

女性《じょせい》の地位向上のため生涯《しょうがい》運動を続ける

1924年、女性団体《じょせいだんたい》が集結し、婦人参政権《ふじんさんせいけん》獲得期成同盟会《かくとくきせいどうめいかい》を結成する。同盟会《どうめいかい》の理事となった房枝《ふさえ》を中心に、女性《じょせい》の政治的権利獲得《せいじてきけんりかくとく》のための運動が行われた。

敗戦後、解散《かいさん》に追《お》い込《こ》まれた同盟会《どうめいかい》に代わり、新日本婦人同盟《ふじんどうめい》を結成。再《ふたた》び女性参政権《じょせいさんせいけん》のための運動を開始する。

その後、占領《せんりょう》アメリカ軍によってだが、日本の選挙法が改正され、女性《じょせい》にも参政権《さんせいけん》が与《あた》えられた。婦人参政権《ふじんさんせいけん》が認《みと》められた初めての選挙では、手違《てちが》いで房枝《ふさえ》のもとに投票用紙が届《とど》かなかったが、立候補《りっこうほ》した女性《じょせい》の半数近くの39人が当選し、房枝《ふさえ》を喜ばせた。

1947年、戦中の活動が問題となり公職《こうしょく》追放処分《しょぶん》を受け、翻訳《ほんやく》や畑仕事をして暮《く》らす。３年後に追放を解除《かいじょ》されると、日本婦人有権《ふじんゆうけん》者同盟《しゃどうめい》と名前を変えた新日本婦人同盟《ふじんどうめい》に復帰《ふっき》。

1953年には周囲からおされて参議院《さんぎいん》選挙に立候補《りっこうほ》し、２位で当選。25年議員を続け、女《じょ》性《せい》の地位向上や世界平和に取り組んでいった。

なでしこたちの秘話《ひわ》

入院していた房枝《ふさえ》が心筋梗塞《しんきんこうそく》で亡《な》くなった後、看《かん》護師《ごし》は房枝《ふさえ》のくちびるに紅《べに》をぬった。それを見た房《ふさ》枝《え》の秘書《ひしょ》は「あんなに濃《こ》く紅《べに》を引いたのは初めてではないか」ともらしたとされる。

これは、倹約《けんやく》を心がけていた房枝《ふさえ》がおしゃれや化《け》粧《しょう》にあまり興味《きょうみ》を持っていなかったためだ。華々《はなばな》しい活躍《かつやく》を遂《と》げ、洋装《ようそう》が似合《にあ》う人であったのだが、その生活はとても質素《しっそ》だったという。

震災《しんさい》の混乱《こんらん》に乗じて虐殺《ぎゃくさつ》された婦人《ふじん》運動家

伊《い》藤《とう》野《の》枝《え》（ノ《の》ヱ《え》）

伊藤野枝《いとうのえ》の一生

生没年《せいぼつねん》
1895～1923年
(享年《きょうねん》:29歳《さい》)

新しい考え方を持つ者が集まる「青鞜《せいとう》」の中心人物へ

瓦《かわら》焼き職人《しょくにん》の父を持ち、６人兄弟の３番目の子として誕生《たんじょう》。

1910年、叔父《おじ》を頼《たよ》り上京し、翌年《よくねん》に上野高等女学校の４年生として編入《へんにゅう》する。夏休み中に、故郷《こきょう》の福岡《ふくおか》で末松福太郎《すえまつふくたろう》と結婚《けっこん》させられたが、学校には通い続け、首席で卒業する。

卒業後、上野高等女学校の英語教師《きょうし》・辻潤《つじじゅん》と恋仲《こいなか》になり、同棲《どうせい》。福太郎《ふくたろう》とは離縁《りえん》する。

1912年、女性解放《じょせいかいほう》運動家・平塚《ひらつか》らいてう《らいちょう》が主宰《しゅさい》する青鞜社《せいとうしゃ》に入社。

青鞜社《せいとうしゃ》が発行する雑誌《ざっし》「青鞜《せいとう》」の編集《へんしゅう》に関わり、詩『東の渚《なぎさ》』や評論《ひょうろん》『新《あた》らしき女の道』など自身の作品を毎号のように掲載《けいさい》した。

翌年《よくねん》には、潤《じゅん》の協力もありアメリカの無政府主義者《むせいふしゅぎしゃ》、エマ・ゴールドマンの著書《ちょしょ》『婦人解放《ふじんかいほう》の悲劇《ひげき》』を翻訳《ほんやく》し、出版《しゅっぱん》。エマと同じ無政府主義者《むせいふしゅぎしゃ》の大杉栄《おおすぎさかえ》に賞賛《しょうさん》される。

その後、「青鞜《せいとう》」の中心人物となっていった野枝《のえ》は「青鞜《せいとう》」後期《こうき》からいてう《らいちょう》に代わり編集《へんしゅう》のトップに立ち、「青鞜《せいとう》」最終号となる1916年２月号まで編集《へんしゅう》に携《たずさ》わった。

無政府主義《むせいふしゅぎ》に目覚め精力的《せいりょくてき》に活動

日本初の公害事件《じけん》・足尾銅山鉱毒事件《あしおどうざんこうどくじけん》。この事件《じけん》で苦しむ農民たちの姿《すがた》は、野枝《のえ》を社会主義《しゃかいしゅぎ》へと目覚めさせた。『婦人解放《ふじんかいほう》の悲劇《ひげき》』を賞賛《しょうさん》した栄《さかえ》と接近《せっきん》し、無政府主義者《むせいふしゅぎしゃ》となる。

栄《さかえ》と恋仲《こいなか》になったことで、野枝《のえ》は栄《さかえ》の妻《つま》・堀保子《ほりやすこ》と栄《さかえ》を愛する女性《じょせい》・神近市子《かみちかいちこ》らとの間で栄《さかえ》をめぐる四角関係になり、市子《いちこ》が栄《さかえ》を刺《さ》す日蔭茶屋事件《ひかげぢゃやじけん》が発生する。

その後、野枝《のえ》は潤《じゅん》や、潤《じゅん》との間に生まれた２子と別れ、思想を同じくする栄《さかえ》と同棲《どうせい》。栄《さかえ》との間に５人の子を産んだ。

栄《さかえ》との関係は世間から非難《ひなん》を受けることになったが、「文明批評《ひひょう》」や「労働運動」などを執筆《しっぴつ》したり、社会主義婦人団体《しゃかいしゅぎふじんだんたい》の赤瀾会《せきらんかい》に参加するなど、積極的に活動を続けた。

これらの活動が官憲《かんけん》に目をつけられ、1923年に発生した関東大震災《だいしんさい》の混乱《こんらん》に乗じて、野枝《のえ》は栄《さかえ》と栄《さかえ》の甥《おい》と共に憲兵大尉《けんぺいたいい》・甘粕正彦《あまかすまさひこ》に連れ去られ、殺された。29歳《さい》の若《わか》さだった。

なでしこたちの秘話《ひわ》

「青鞜《せいとう》」に掲載《けいさい》された野枝《のえ》の文章をきっかけに、彼女《かのじょ》に求愛をした読者がいた。

その読者・木村荘太《きむらそうた》は手紙で想いを伝えるだけではなく、直接野枝《ちょくせつのえ》のもとを訪《おとず》れ、対面している。その時に、野枝《のえ》が辻潤《つじじゅん》と同棲《どうせい》していることを伝《つた》え損《そこ》なったために荘太《そうた》の恋心《こいごころ》は燃《も》え上《あ》がる結果になった。

改めて同棲《どうせい》のことを告げ、あきらめてもらえた。後に野枝《のえ》は、この体験を小説化している。

斎《さい》藤《とう》輝《てる》子《こ》（てる子《こ》）

晩《ばん》年《ねん》に世界108か国を旅した女《じょ》性《せい》旅行家

斎《さい》藤《とう》輝《てる》子《こ》の一生

生没年《せいぼつねん》
1895～1984年
(享年《きょうねん》:90歳《さい》)

両極端《きょくたん》な性質《せいしつ》を持った夫・斎藤茂吉《さいとうもきち》との生活

精神《せいしん》科医の父・斎藤紀一《さいとうきいち》の次女として誕生《たんじょう》。お嬢様《じょうさま》として育った輝子《てるこ》は、名家の令嬢《れいじょう》たちが通う学習院女学部に入学。人力車で通学したが、本人は非常《ひじょう》に活発で運動を好んだ。

1905年には、紀一《きいち》の経営《けいえい》する青山脳《のう》病院の後継者《こうけいしゃ》として、後に歌人となる医師《いし》・斎藤《さいとう》茂吉《もきち》が養子に入っていた。1914年、輝子《てるこ》は茂吉《もきち》と結婚《けっこん》。しかし、ほかに好きな人がいた輝子《てるこ》にとっては望んだ結婚《けっこん》ではなかった。

1921年、留学《りゅうがく》した茂吉《もきち》を追って輝子《てるこ》もヨーロッパに渡《わた》る。しかし、帰国した二人を待ち受けていたのは病院全焼の報告《ほうこく》だった。病院再建《さいけん》に二人は走り回ることになり、お嬢様《じょうさま》だった輝子《てるこ》も頭を下げて、金策《きんさく》に走った。

輝子《てるこ》は茂吉《もきち》との間に2男2女を生むが、子育てを人まかせにした。素朴《そぼく》で心優《やさ》しい女性《じょせい》を望んだ茂吉《もきち》は、好き勝手に生きる輝子《てるこ》にいらつき、暴力《ぼうりょく》をふるうこともあったという。

夫婦《ふうふ》仲は険悪《けんあく》になり、価値観《かちかん》の違《ちが》う二人の心はどんどん離《はな》れていく。

そして、1933年に輝子《てるこ》とダンス教師《きょうし》のスキャンダルがニュースになると、激怒《げきど》した茂《も》吉《きち》は輝子《てるこ》との別居《べっきょ》を決意。以後、12年にわたる別居《べっきょ》生活を送る。

しかし、茂吉《もきち》が寝《ね》たきりになった時には献《けん》身的《しんてき》に介護《かいご》し、茂吉《もきち》が望んだ浅草旅行では、幸せそうに手をつなぐ二人の姿《すがた》があった。

女マルコ・ポーロは世界各国をめぐる

茂吉《もきち》の死後、60代半ばの輝子《てるこ》は「いつ死ぬかわからないから」と突如《とつじょ》、ヨーロッパを中心に海外をめぐりはじめる。80歳《さい》を超《こ》えても医師《いし》の制止《せいし》を振《ふ》り切《き》り、南極やエベレスト山《さん》麓《ろく》などを訪《おとず》れた。

輝子《てるこ》は大都会だけでなく、その頃《ころ》は秘境《ひきょう》とされたアフリカやインドなどにも足を運び、当時、入国不可《ふか》であったモンゴル人民共和国が、初めて観光客を受け入れた第1回目のツアーに参加したという。

「女マルコ・ポーロ」などと呼《よ》ばれた輝子《てるこ》は90歳《さい》で亡《な》くなるまでに海外渡航《とこう》97回、世界108か国を訪《おとず》れ、地球36周分の旅をした。

なでしこたちの秘話《ひわ》

結婚《けっこん》後はすれ違《ちが》いを続けた輝子《てるこ》と茂吉《もきち》だが、輝子《てるこ》との結婚《けっこん》は茂吉《もきち》にとって待ち望んだものだった。

斎藤家《さいとうけ》の養子となった後、学生だった茂吉《もきち》はまだ生後8か月の輝子《てるこ》を背負《せお》い、子守をしていた。そして、友人に輝子《てるこ》のことを聞かれると「僕《ぼく》の未来のワイフだ」と答えた。

また、婿養子《むこようし》として斎藤家《さいとうけ》に入籍《にゅうせき》した茂吉《もきち》は、輝《てる》子《こ》を「おさな妻《づま》」と呼《よ》んでいたという。

竹《たけ》鶴《つる》リタ

（ジェシー・ロベールタ・カウン）

夫を支《ささ》え、共にウイスキーを作った良《りょう》妻《さい》

竹鶴《たけつる》リタの一生

生没年《せいぼつねん》
1896～1961年
(享年《きょうねん》:66歳《さい》)

見知らぬ土地に渡《わた》り、夫の夢《ゆめ》の実現《じつげん》を支《ささ》える

スコットランドのグラスゴーで生まれ育ったスコットランド人。ウイスキー製造法《せいぞうほう》を学ぶためグラスゴーを訪《おとず》れていた竹鶴政孝《たけつるまさたか》と1920年に結婚《けっこん》。政孝《まさたか》の帰国に伴《ともな》い、大阪《おおさか》の洋風借家に移住《いじゅう》。日本の風習に合わせ、リタは政孝《まさたか》をマッサンと呼《よ》んだ。

政孝《まさたか》が働いていた摂津酒造《せっつしゅぞう》がウイスキー造《づく》りを断念《だんねん》したため、政孝《まさたか》が会社を退職《たいしょく》。リタは夫に代わり生活を支《ささ》えるため、ピアノと英会話を教えはじめる。1922年には、帝塚山《てづかやま》学院の小学校で英語教師《きょうし》として教鞭《きょうべん》をとった。

1923年、ウイスキー製造《せいぞう》を考えた寿屋《ことぶきや》の社長・鳥井信治郎《とりいしんじろう》が政孝《まさたか》をスカウト。この話を聞いたリタは、夫の夢《ゆめ》がかなうと大喜びする。

寿屋《ことぶきや》に入社した政孝《まさたか》は、ウイスキー造《づく》りを開始。京都の山崎《やまざき》にウイスキー工場を建設《けんせつ》することになり、夫婦《ふうふ》は京都へ転居《てんきょ》する。

この頃《ころ》、リタは流産。住《す》み慣《な》れない日本での生活に神経《しんけい》が参ったからだと診断《しんだん》された。

1924年、日本初のウイスキー工場が山崎《やまざき》に誕生《たんじょう》。その5年後には『サントリー白札《しろふだ》』と名付けられたウイスキーが出荷された。

故郷《こきょう》に似《に》た土地でのウイスキー造《づく》り

1934年、政孝《まさたか》は寿屋《ことぶきや》を退職《たいしょく》。自分の工場を持つことを決意する。出資者《しゅっししゃ》を募《つの》り、北海道の余市《よいち》に工場建設《けんせつ》を決める。余市《よいち》はリタの故《こ》郷《きょう》グラスゴーに似《に》た風土を持つ土地だった。

後にニッカとなる政孝《まさたか》の会社、大日本果汁《かじゅう》株式会社《かぶしきがいしゃ》が誕生《たんじょう》する。ウイスキーは作りはじめてから出荷まで時間がかかる。その間はリンゴジュースを製造販売《せいぞうはんばい》していた。ジュースの販売《はんばい》はうまくいかず、落《お》ち込《こ》む政孝《まさたか》をリタは支《ささ》え続《つづ》け、ついにウイスキーが完成。『ニッカウヰ《イ》スキー』の商品名で販売《はんばい》された。

戦中、リタはスパイ容疑《ようぎ》をかけられ、特高《とっこう》警察《けいさつ》による監視《かんし》を受けるという苦境《くきょう》もあったが、戦後になるとアメリカ兵からの求めもあり、ウイスキーの需要《じゅよう》は増加《ぞうか》。次々と新商品を作り成功した。リタは晩年《ばんねん》、療養《りょうよう》のため伊《い》豆《ず》に転居《てんきょ》するが、余市《よいち》に戻《もど》り、夫に見守られながらこの世を去った。

なでしこが生きた時代

当時の日本は、グラスゴーの教科書にも掲載《けいさい》されておらず、ヨーロッパの人々にとっては未知の国であった。そこに嫁《よめ》入りするのは勇気のいることだっただろう。

リタの弟の日本の認識《にんしき》は、「香港《ホンコン》の隣《となり》にある小さな島」という程度《ていど》のものだった。弟の知人は「チョンマゲという妙《みょう》な髪形《かみがた》をして、サーベルを腰《こし》に差して歩く小男」というひどい認識《にんしき》を持っていた。

兵《ひょう》頭《どう》精《ただし》

大空を愛した日本初の女《じょ》性《せい》パイロット

兵頭精《ひょうどうただし》の一生

生没年《せいぼつねん》
1899～1980年
(享年《きょうねん》:82歳《さい》)

家族の反対に負けず夢《ゆめ》を追い続けた少女

1899年、兵頭林太郎《ひょうどうりんたろう》の四女として農家に生まれる。11歳《さい》の頃《ころ》に父親が死去し、土木作業を営《いとな》む姉のもとで育てられることになった。

1916年、アメリカの女性《じょせい》パイロット、キャサリン・スチンソンが来日。キャサリンが見せた曲芸飛行は見る者を魅了《みりょう》し、大きなうわさになった。うわさを知った精《ただし》は飛行機への憧《あこが》れを抱《いだ》いていた亡父《ぼうふ》の影響《えいきょう》もあり、当時日本にはいなかった女性《じょせい》パイロットを目指す。

しかし、精《ただし》の夢《ゆめ》は家族に強い反対を受ける。女学校を卒業した後は結婚《けっこん》して家庭に入ることを望まれたが、精《ただし》は夢《ゆめ》をあきらめなかった。

薬剤師《やくざいし》見習いとして働きながら飛行学校の講義録《こうぎろく》を熱心に読み続ける精《ただし》の熱意《ねつい》に家族は負け、姉は当時では大金である2000円を渡《わた》して、東京へ送り出した。

女性《じょせい》初のパイロットに向けられる注目

1919年、パイロットになるため、精《ただし》は千葉県津田沼《つだぬま》にある伊藤《いとう》飛行機研究所の門下生になった。訓練中に大きな事故《じこ》にあいもしたが、その後も恐《おそ》れることなく訓練を続けた。

過酷《かこく》な訓練にたえ、1921年に伊藤《いとう》飛行機研究所を卒業。同年に三等飛行機操縦《そうじゅう》士試験を受けるが、着地に失敗して失格《しっかく》となる。しかし、翌年《よくねん》に再挑戦《さいちょうせん》し、見事合格《ごうかく》。日本で初めてパイロットの資格《しかく》を持つ女性《じょせい》となった。

その年に開催《かいさい》された帝国《ていこく》飛行協会主催《しゅさい》の飛行競技会《きょうぎかい》に参加。初の女性《じょせい》パイロットである精《ただし》は、大きな注目を集めたが、好奇《こうき》の視線《しせん》を向ける者も少なくなかった。

そして、妻《つま》を持つ男性《だんせい》との恋愛《れんあい》を記事にされ、大きなスキャンダルとなる。それをきっかけに、好奇《こうき》の目で見られることにたえられず、精《ただし》は航空界から身を引く。

その後、精《ただし》は二度と飛行機を操縦《そうじゅう》することはなかったものの、飛行研究所の設立《せつりつ》を計画したり、弁護士《べんごし》を目指すなど、行動的な人生を送り、82歳《さい》でこの世を去った。

1976年には、精《ただし》の一生をモデルにしたN《エヌ》H《エイチ》K《ケイ》朝の連続テレビ小説『雲のじゅうたん』が放送されている。

なでしこたちの秘話《ひわ》

伊藤《いとう》飛行機研究所の訓練生時代、精《ただし》の姿《すがた》は男性《だんせい》訓練生たちと同じで、油の染《し》みが付いた作業服だった。取材で研究所を訪《おとず》れていた新聞記者は、精《ただし》がはいていた下駄《げた》の赤い鼻緒《はなお》を見て、ようやく女性《じょせい》だとわかったほどだった。

男性《だんせい》だらけの環境《かんきょう》は、女性《じょせい》の精《ただし》にとって大変なものだっただろう。それでも空への憧《あこが》れが精《ただし》を支《ささ》え、夢《ゆめ》を実現《じつげん》させたのだ。

2000人を超《こ》える混血《こんけつ》孤児《こじ》に手を差しのべた「母」

沢《さわ》田《だ》美《み》喜《き》

沢田美喜《さわだみき》の一生

生没年《せいぼつねん》
1901～1980年
(享年《きょうねん》:80歳《さい》)

人生を決めた 衝撃的《しょうげきてき》な「死」との遭遇《そうぐう》

三菱財閥《みつびしざいばつ》の創始者《そうししゃ》・岩崎弥太郎《いわさきやたろう》を祖父《そふ》に持つ美喜《みき》は、大変恵《めぐ》まれた環境《かんきょう》で育った。

1922年、外交官の沢田廉三《さわだれんぞう》と結婚《けっこん》。外交官夫人として、夫といっしょに14年間をイギリスやアメリカなどの海外で過《す》ごす。1936年、アメリカより帰国。

終戦後、美喜《みき》の人生を決定する出来事が起こる。列車に乗っていた美喜《みき》のひざの上にあみ棚《だな》から風呂敷《ふろしき》包みが落ちてきた。その包みの中に混血《こんけつ》の赤《あか》ん坊《ぼう》の死体があり、美喜《みき》は母親と間違《まちが》われて周囲の乗客から冷たい視線《しせん》を受けたのだ。

この出来事に大きなショックを受けた美喜《みき》は、アメリカ軍兵士と日本人女性《じょせい》の間に生まれたことで悲惨《ひさん》な仕打ちを受け、だれも助けようとしない混血孤児《こんけつこじ》たちを救う決意をする。

子どもたちのために すべてをささげた生涯《しょうがい》

戦後、三菱財閥《みつびしざいばつ》が解体《かいたい》され、実家の援助《えんじょ》はもはや失っていた美喜《みき》だが、政府《せいふ》の手に渡《わた》っていた大磯《おおいそ》の岩崎家別荘《いわさきけべっそう》を借金をしてまで買《か》い戻《もど》し、1948年、混血孤児施設《こんけつこじしせつ》を設立《せつりつ》する。

施設《しせつ》は、一番最初に寄付《きふ》をしてくれたイギリスの婦人《ふじん》から名前をもらい「エリザベス・サンダース・ホーム」と名付けられた。

混血孤児《こんけつこじ》の存在《そんざい》を公表したくないアメリカ占領軍《せんりょうぐん》からは圧力《あつりょく》を受け、日本人からは偏見《へんけん》の目で見られる。

活動はなかなか理解《りかい》を得られず、資金《しきん》不足に悩《なや》まされた美喜《みき》は私財《しざい》を投じて孤児施設《こじしせつ》を運営《うんえい》。また、何度もアメリカやヨーロッパへおもむいては、寄付金《きふきん》を募《つの》っている。

その結果、三十数年後には孤児施設《こじしせつ》で育てられた子どもは2000人を超《こ》え、子どもたちとアメリカ人家庭の養子縁組《えんぐみ》も多数成立した。

多くの混血孤児《こんけつこじ》を育て、ホームから巣立たせた美喜《みき》には、人道主義《しゅぎ》に貢献《こうけん》した女性《じょせい》が選ばれるエリザベスブラックウェル賞など、多くの賞がおくられることになった。

しかし1980年、美喜《みき》はスペインの旅行中に心臓《しんぞう》発作で急死。彼女《かのじょ》の帰りを待つ子どもたちに大きな悲しみを与《あた》えた。

なでしこたちの秘話《ひわ》

美喜《みき》は熱心なクリスチャンであり、隠《かく》れキリシタンの遺物《いぶつ》を収集《しゅうしゅう》していた。江戸幕府《えどばくふ》による厳《きび》しいキリスト教弾圧《だんあつ》に負けず、隠《かく》れて信仰《しんこう》を続けた隠《かく》れキリシタンたち。彼《かれ》らの子孫が守《まも》り抜《ぬ》いてきたキリシタンの遺物《いぶつ》に、美喜《みき》は強い信仰《しんこう》の心を感じていた。

キリシタン・天草四郎《あまくさしろう》で有名な九州地方はもちろん、本州のあらゆる場所にも足をのばし、40年にもわたって遺物《いぶつ》を収集《しゅうしゅう》している。

ソビエトに亡命《ぼうめい》したスター女優《じょゆう》

岡《おか》田《だ》嘉《よし》子《こ》

岡田嘉子《おかだよしこ》の一生

生没年《せいぼつねん》
1902～1992年
(享年《きょうねん》:91歳《さい》)

念願の女優《じょゆう》デビュー 舞台《ぶたい》、映画《えいが》共に名声を得る

新聞記者の娘《むすめ》として広島に誕生《たんじょう》。1915年、女子美術《びじゅつ》大学の前身、女子美術《びじゅつ》学校に入学。

卒業後、女優《じょゆう》を夢《ゆめ》見ていた嘉子《よしこ》は劇作家《げきさっか》・中村吉蔵《なかむらきちぞう》の弟子になる。吉蔵《きちぞう》が主宰《しゅさい》する新芸術座《しんげいじゅつざ》の舞台《ぶたい》『カルメン』で端役《はやく》を演《えん》じ、女優《じょゆう》デビュー。同時期に舞台協会《ぶたいきょうかい》の研究生になる。舞台協会《ぶたいきょうかい》による『出家とその弟子』に出演《しゅつえん》し、賞賛《しょうさん》を受ける。そして、共演《きょうえん》した俳優《はいゆう》と恋愛関係になる。

1923年、映画《えいが》『髑髏《どくろ》の舞《まい》』の主演《しゅえん》により、映画女優《えいがじょゆう》としての名声も得る。

翌年《よくねん》には日活《にっかつ》に入社し、『街の手品師《てじなし》』や『彼《かれ》をめぐる5人の女』などのヒット作に出《しゅつ》演《えん》。しかし、『椿姫《つばきひめ》』の収録中《しゅうろくちゅう》に共演《きょうえん》する俳《はい》優《ゆう》・竹内良一《たけうちよしかず》と失踪《しっそう》し、日活《にっかつ》を解雇《かいこ》された。

その後、良一《よしかず》と結婚《けっこん》し、二人は岡田嘉子一《おかだよしこいち》座《ざ》を旗揚《はたあ》げ、各地で巡業《じゅんぎょう》を行った。

1932年、松竹蒲田《しょうちくかまた》に入社。21本もの映画《えいが》に出演《しゅつえん》するが役に恵《めぐ》まれず、また、舞台《ぶたい》に未練があった嘉子《よしこ》は退社《たいしゃ》し、井上正夫一座《いのうえまさおいちざ》に入る。舞台《ぶたい》『断層《だんそう》』や『夜中から朝まで』などに出演《しゅつえん》。そして、『彦六《ひころく》大いに笑《わら》う』で知り合った演出家《えんしゅつか》・杉本良吉《すぎもとりょうきち》と親密《しんみつ》な仲になる。

共産党員《きょうさんとういん》だった良吉《りょうきち》はソビエト（現在《げんざい》のロシアを中心とした国家）に憧《あこが》れを抱《いだ》いており、良吉《りょうきち》を愛する嘉子《よしこ》は夫・良一《よしかず》を捨《す》て、良吉《りょうきち》にソビエトへいっしょに亡命《ぼうめい》しようと提案《ていあん》した。

第2の故郷《こきょう》になる ソビエトへの亡命《ぼうめい》

1938年、二人は国境《こっきょう》を越《こ》えてソビエトに入る。しかし、スパイと疑《うたが》われて逮捕《たいほ》され、良吉《りょうきち》は処刑《しょけい》、嘉子《よしこ》は収容所《しゅうようじょ》や監獄《かんごく》を転々とした後、釈放《しゃくほう》されるが、日本には帰らずソビエトに残ることを希望する。

チカロフに住みはじめた嘉子《よしこ》は、1948年、モスクワ放送局《ほうそうきょく》に入社。2年後に同僚《どうりょう》の滝口《たきぐち》新太郎《しんたろう》と結婚《けっこん》。ソビエト国籍《こくせき》を取得後、モスクワ国立演劇総合《えんげきそうごう》大学の演出科《えんしゅつか》に入学する。

新太郎《しんたろう》の死後、1972年に34年ぶりに日本へ里帰り。その後も何度か来日すると、映画《えいが》やテレビに出演《しゅつえん》した。そして、1992年、第2の故郷《こきょう》となったソビエトでその生涯《しょうがい》を閉《と》じた。

なでしこが生きた時代

嘉子《よしこ》が活躍《かつやく》していた当時、日中戦争《にっちゅうせんそう》の勃発《ぼっぱつ》により、脚本《きゃくほん》の内容《ないよう》はすべて警察《けいさつ》にチェックされていた。

思想的なセリフやラブシーンなどが台本からカットされ、話の筋《すじ》がわからなくなることもあった。

舞台《ぶたい》でうっかり消されたセリフなどを言ってしまうと、監視《かんし》している警察《けいさつ》がただちに舞台《ぶたい》を中止した。さらに、無事に上演《じょうえん》を終えても、カーテンコールでは日本軍の戦果を発表させられたという。

鳥《とり》濱《はま》トメ

死地に向かう特《とっ》攻《こう》兵《へい》たちを見送り続けた「母」

鳥《とり》濱《はま》トメの一生

生没年《せいぼつねん》
1902～1992年
(享年《きょうねん》:91歳《さい》)

少年兵たちに「小母《おば》さん」と慕《した》われて

貧《まず》しい家に生まれ、幼《おさな》い頃《ころ》から働きに出る。19歳《さい》の時、職場《しょくば》の旅館で、夫となる鳥濱義勇《とりはまよしとし》と出会い、結婚《けっこん》。

鹿児島《かごしま》の知覧《ちらん》に新居《しんきょ》を持ち、トメはさつま揚《あ》げなどを売り歩き、家計を支《ささ》えた。

1929年、知覧《ちらん》の商店街に富屋食堂《とみやしょくどう》を開店する。うどんやそば、どんぶり物などがメニューの中心だった。町の人たちから愛される店になり、さらに留置場《りゅうちじょう》への弁当宅配《べんとうたくはい》などの社会奉仕《ほうし》活動により、警察署《けいさつしょ》や役場から厚《あつ》い信頼《しんらい》を受けるようになる。

日本によるアメリカ・イギリス両国への宣戦布告《せんせんふこく》後、1941年、知覧《ちらん》飛行場が完成。飛行場内に飛行学校が誕生《たんじょう》し、少年飛行兵約80名が到着《とうちゃく》する。知覧《ちらん》の警察署長《けいさつしょちょう》の依頼《いらい》で、富屋食堂《とみやしょくどう》が軍の指定食堂になると、食堂は少年兵たちの憩《いこい》の場になり、トメは「小母《おば》さん」と呼《よ》ばれ、母親のように慕《した》われた。

やがて戦局は悪化。神風特別攻撃隊《かみかぜとくべつこうげきたい》が編成《へんせい》され、敵艦隊《てきかんたい》への体当たり攻撃《こうげき》が始まる。

1945年には知覧《ちらん》からも特攻隊《とっこうたい》が出撃《しゅつげき》を開始。トメの食堂を訪《おとず》れた多くの少年兵たちが、死ぬとわかって飛んでいった。トメはひどく心を痛《いた》めながら若《わか》き特攻兵《とっこうへい》たちを見送った。

特攻《とっこう》開始から約3か月後に出撃《しゅつげき》は止まるが、特攻《とっこう》の戦死者は439名にものぼった。

亡《な》くなった特攻兵《とっこうへい》のため観音像《かんのんぞう》を建立

終戦後、アメリカ軍が知覧《ちらん》に駐留《ちゅうりゅう》。アメリカ兵を食堂に出入りさせてくれるよう警察署長《けいさつしょちょう》に頼《たの》まれるが、トメは断固《だんこ》として拒否《きょひ》。それでも、アメリカ兵が食堂を訪《おとず》れはじめ交流が生まれると、トメは彼《かれ》らからも「母」と慕《した》われた。また、困《こま》った人を放っておけないトメは、残留孤児《ざんりゅうこじ》などを食堂に住まわせ、面倒《めんどう》を見ていた。

1955年、旧《きゅう》飛行場に観音像《かんのんぞう》が建立される。特攻《とっこう》で亡《な》くなった隊員たちの霊《れい》を慰《なぐさ》めるため、トメが町長に願い出て、実現《じつげん》したことだった。

晩年《ばんねん》、観音像《かんのんぞう》の横に知覧特攻《ちらんとっこう》平和会館が開館。特攻《とっこう》隊員たちへの社会的関心が高まり、トメも「特攻《とっこう》の母」として有名になった。

なでしこたちの秘話《ひわ》

トメは留置場《りゅうちじょう》に入所している人のための弁当《べんとう》作りを格安《かくやす》で引き受け、これを社会奉仕《ほうし》の一環《いっかん》として生涯《しょうがい》続けた。生まれつきの悪人はおらず、留置場《りゅうちじょう》の人々もそうせざるを得ない事情《じじょう》があるのだというトメの信念に基《もと》づくものだった。

そのため、留置場弁当《りゅうちじょうべんとう》も自分の子どもの弁当《べんとう》のように作り、二段《にだん》重ねの塗《ぬ》りの器に詰《つ》めた。そして、朝、学校に行く娘《むすめ》たちに配達させたという。

華《か》族《ぞく》から開《かい》拓《たく》農民になった社会運動家

徳《とく》川《がわ》幹《もと》子《こ》

徳《とく》川《がわ》幹《もと》子《こ》の一生

生没年《せいぼつねん》
1902～1996年
(享年《きょうねん》:95歳《さい》)

将軍《しょうぐん》の血を引く娘《むすめ》として不自由のない退屈《たいくつ》な日々を送る

徳川《とくがわ》最後の将軍《しょうぐん》・徳川慶喜《とくがわよしのぶ》を父に持つ池田《いけだ》仲博侯爵《なかひろこうしゃく》の長女として誕生《たんじょう》。

7000坪《つぼ》ある広大な邸宅《ていたく》に住み、40人を超《こ》える使用人が仕えるなど、庶民《しょみん》とはかけ離《はな》れた生活を送る。しつけは厳《きび》しかったが、8人兄妹の2番目で兄と弟にはさまれていた幹《もと》子《こ》は、大変なお転婆《てんば》に育った。

学習院女子中・高等科の前身、学習院女学部を卒業後、1920年に徳川達道伯爵《とくがわさとみちはくしゃく》の養子・徳川宗敬《とくがわむねよし》と結婚《けっこん》。徳川家《とくがわけ》での生活は何の不自由もなかったが、伝統《でんとう》や格式《かくしき》を重んじたため窮屈《きゅうくつ》な上、幹子《もとこ》は何もすることがなかった。

結婚《けっこん》の翌年《よくねん》に長女、その次の年には次女を出産するが、1926年、幹子《もとこ》は娘《むすめ》たちを置いて、夫のドイツ留学《りゅうがく》に同行した。

第一次世界大戦《だいいちじせかいたいせん》の敗戦国だったドイツで、敗戦のために没落《ぼつらく》した貴族《きぞく》や皇族《こうぞく》たちの姿《すがた》を目の当たりにし、夫婦《ふうふ》は戦争に負けることの意味を理解《りかい》し、教訓にする。

ドイツ滞在《たいざい》中にヨーロッパ中を旅行し、約2年半後に帰国。帰国後すぐに、ドイツでの経験《けいけん》から、何かあった時に一人でも生きていけるように、娘《むすめ》たちの教育を重視《じゅうし》した。

終戦後、望んで開拓《かいたく》農民になる

第二次世界大戦《だいにじせかいたいせん》が起こると宗敬《むねよし》は出兵。この時に「日本が負けたら生産者になろう」と二人は誓《ちか》い合《あ》う。敗戦後、ドイツと同じように日本の生活は大きく変化。華族制度《かぞくせいど》が廃止《はいし》され、一般市民《いっぱんしみん》となった夫婦《ふうふ》と子どもたちは茨城県《いばらきけん》水戸市に移住《いじゅう》。宗敬《むねよし》は政治家《せいじか》となるが、幹子《もとこ》は開拓《かいたく》農民として働くようになる。

絹《きぬ》のふとんでの生活から一変。電気も水道もない粗末《そまつ》な小屋に住み、農業について勉強しながらの開拓《かいたく》は苦労の連続だった。そして、農業が軌道《きどう》にのるまで8年がかかったが、華《か》族《ぞく》の生活にはなかった自由や物を作る喜びを幹子《もとこ》は得る。

その後、全日本開拓者連盟《かいたくしゃれんめい》の婦人部《ふじんぶ》を設立《せつりつ》。全国を回りながら、開拓者《かいたくしゃ》の生活向上に尽力《じんりょく》する。また、茨城県婦人《いばらきけんふじん》会館を設立《せつりつ》するなど婦人運動《ふじんうんどう》にも積極的に参加していった。

なでしこたちの秘話《ひわ》

幹子《もとこ》の生家では、華族《かぞく》の家であっても、自分のことは自分でやることを習慣《しゅうかん》とした。これは、自分の身の回りが片付《かたづ》かないで人を使うことはできない、という考えに基《もと》づく。また、8人兄妹の長女であった幹子《もとこ》と長男の兄は、下の兄弟たちに悪影響《あくえいきょう》が出ないよう、特別厳《きび》しいしつけを受けた。権威《けんい》を保《たも》たなければならない存在《そんざい》として、軽々しく兄弟ゲンカもできず、下の弟妹たちから特別視《とくべつし》されていたという。

知《ち》里《り》幸《ゆき》恵《え》

アイヌの伝承《でんしょう》を文字にして残したアイヌ文化の伝承《でんしょう》者《しゃ》

知《ち》里《り》幸《ゆき》恵《え》の一生

生没年《せいぼつねん》
1903～1922年
(享年《きょうねん》:20歳《さい》)

アイヌ文化が抑圧《よくあつ》される中、祖母《そぼ》からアイヌ伝承《でんしょう》を聞いて育つ

アイヌ民族の父母の間に生まれ、北海道幌《ほろ》別《べつ》で育つ。母・ナミはクリスチャンだったため、幸恵《ゆきえ》は幼児《ようじ》の時に洗礼《せんれい》を受ける。

幼《おさな》い時に伯母《おば》・金成《かんなり》マツの養女となり、旭《あさひ》川近文《かわちかぶみ》に移《うつ》り住《す》む。マツの家には、幸恵《ゆきえ》の母方の祖母《そぼ》・モナシノウクが同居《どうきょ》していた。

幸恵誕生《ゆきえたんじょう》の４年前に公布《こうふ》された北海道旧土《きゅうど》人保護法《じんほごほう》により、アイヌ固有の言語や文化は抑圧《よくあつ》され、アイヌ民族は日本語を強制《きょうせい》された。

しかし、おばあちゃん子だった幸恵《ゆきえ》はモナシノウクからアイヌ民族が口づてで伝えてきた神話・伝説などをよく聞き、日本語とアイヌ語の両方を聞いて育つことになる。

小学校時代には石を投げられるなど、アイヌ民族ゆえの差別があったといわれている。

アイヌの子どもたちが集められた第五尋常《じんじょう》小学校を卒業後、北海道旭川西《あさひかわにし》高等学校の前身、北海道庁立旭川《ほっかいどうちょうりつあさひかわ》高等女学校を受験するが、不合格《ふごうかく》となる。幸恵《ゆきえ》がアイヌ民族でクリスチャンだったからだといううわさが立った。

職業《しょくぎょう》学校に入学。在学《ざいがく》中、マツのもとを訪《おとず》れた言語学者でアイヌ語を研究していた金田《きんだ》一京助《いちきょうすけ》にすすめられ、アイヌの伝承《でんしょう》の文字化に取り組みはじめる。

アイヌ伝承《でんしょう》の文字化 そして早過《はやす》ぎた死

文字化にあたり、幸恵《ゆきえ》はまず伝承《でんしょう》されたアイヌ語をローマ字表記に直し、それを日本語に訳《やく》した。その後、まとめたノートを東京の京助《きょうすけ》に送ると、京助《きょうすけ》から上京をすすめられる。

1922 年、東京都本郷《ほんごう》森川町の金田一家《きんだいちけ》の世話になる。東京での生活は息苦しかったが、金田一夫妻《きんだいちふさい》の赤《あか》ん坊《ぼう》の子守をしている時だけは、息をつくことができたという。

ノートをもとにまとめられた『アイヌ神謡《しんよう》集《しゅう》』には、フクロウやキツネといった動物や神を題材とした 13 編《ぺん》の話が掲載《けいさい》されている。

幸恵《ゆきえ》は何度も原稿内容《げんこうないよう》を確認《かくにん》し、最後のチェックを終わらせた後に、持病の心臓病《しんぞうびょう》を悪化させ、二十歳《はたち》の若《わか》さでこの世を去った。

幸恵《ゆきえ》の死後に出版《しゅっぱん》された『アイヌ神謡集《しんようしゅう》』は、アイヌ文化の記録として高い評価《ひょうか》を得た。

なでしこが生きた時代

1923年、民族学者・柳田國男《やなぎたくにお》が主宰《しゅさい》する郷土研《きょうどけん》究社《きゅうしゃ》から発刊《はっかん》された『アイヌ神謡集《しんようしゅう》』。発売からしばらくして入手困難《こんなん》の幻《まぼろし》の本になったが、1970年には弘南堂《こうなんどう》から、1978年には岩波文庫《いわなみぶんこ》から復刻《ふっこく》され、多くの人々の手に渡《わた》ることになった。

ところが、岩波文庫《いわなみぶんこ》からは「外国文学」として売り出されたため、朝日新聞紙上でアイヌ文学は日本文学か外国文学かどうかが話題になった。

若《わか》き童《どう》謡《よう》詩人の巨《きょ》星《せい》

金《かね》子《こ》み《み》す《す》ゞ《ず》

金子《かねこ》みすゞ《みすず》の一生

生没年《せいぼつねん》
1903～1930年
(享年《きょうねん》:28歳《さい》)

投稿《とうこう》作品が次々入賞 童謡界《どうようかい》の新星と期待を受ける

山口県大津郡《おおつぐん》（現在《げんざい》の長門市）で書店を営《いとな》む父・金子庄之助《かねこしょうのすけ》と母・ミチの間にテルは生まれた。

父の死後、1919 年に母が再婚《さいこん》。翌年《よくねん》に大津《おおつ》高等女学校を卒業する。

卒業後の 1923 年、下関に移《うつ》る。母や義父《ぎふ》と暮《く》らしはじめ、義父《ぎふ》が経営《けいえい》する西之端町商品館《にしのはしちょうしょうひんかん》内の上山文英堂《うえやまぶんえいどう》書店で働きはじめる。

同年、みすゞ《みすず》のペンネームで童謡《どうよう》を雑誌《ざっし》に投稿《とうこう》。投稿《とうこう》作品は雑誌「童話《どうわ》」、「婦人倶楽部《ふじんくらぶ》」、「婦人画報《ふじんがほう》」、「金《きん》の星《ほし》」の４誌《し》に一斉《いっせい》に取り上げられた。

みすゞ《みすず》の作品は詩人・西条八十《さいじょうやそ》に「若《わか》き童謡《どうよう》詩人の中の巨星《きょせい》」、「イギリスの詩人クリスティーナ・ロセッティの再来《さいらい》」などと絶賛《ぜっさん》を受け、童謡《どうよう》詩人として注目を集める。

1926 年、みすゞ《みすず》と同じく上山文英堂《うえやまぶんえいどう》書店で働く宮本啓喜《みやもとけいき》と結婚《けっこん》。

童謡詩人会《どうようしじんかい》に入会後、『日本童謡集《どうようしゅう》』に『大漁』、『お魚』の２編《へん》、1928 年には雑誌《ざっし》「燭台《しょくだい》」に『日の光』、雑誌《ざっし》「愛誦《あいしょう》」に『七夕《たなばた》のころ』と、続々と作品を発表していく。

夫の理解《りかい》を得られず 詩作を断念《だんねん》

輝《かがや》かしい功績《こうせき》をあげるみすゞ《みすず》だったが、啓喜《けいき》は妻《つま》の創作《そうさく》に理解《りかい》を示《しめ》さなかった。

詩を作ることや投稿《とうこう》すること、詩作仲間との連絡《れんらく》を禁止《きんし》されたみすゞ《みすず》は、今後の活躍《かつやく》を期待されていたにも関わらず、断筆《だんぴつ》。

不幸な結婚《けっこん》生活の末に、1930 年、みすゞ《みすず》は啓喜《けいき》と離婚《りこん》した。しかし、娘《むすめ》のふさえを啓喜《けいき》に渡《わた》さなければならず、それを苦にしたみすゞ《みすず》は遺書《いしょ》を残して、上山文英堂《うえやまぶんえいどう》書店の店内で自ら毒を飲み、自殺。28 歳《さい》という短い生涯《しょうがい》を閉《と》じた。ふさを母にたくしてほしいとひたすら願う遺書《いしょ》であったという。

名もなき小さなもの、命への慈《いつく》しみと優《やさ》しさにあふれた詩は長らくうもれていたが、みすゞ《みすず》の没後《ぼつご》、半世紀ぶりに 512 編《へん》の作品が発見された。『金子《かねこ》みすゞ《みすず》全集《ぜんしゅう》』として全３巻《かん》が発売されると瞬《また》く間《ま》に注目されるようになった。

なでしこたちの秘話《ひわ》

金子《かねこ》みすゞ《みすず》の名を冠《かん》する星が存在《そんざい》している。その星は、愛媛県久万高原町《えひめけんくまこうげんちょう》の久万高原天体観測館《くまこうげんてんたいかんそくかん》に勤務《きんむ》する中村彰正《なかむらあきまさ》が1995年に見つけた小惑星《しょうわくせい》だ。

彰正《あきまさ》の出身地・山口県を代表する詩人であるみすゞ《みすず》。彼女の名にあやかって名づけられた惑星《わくせい》は4年周期で太陽を周回し、明るさは最大で18等級ほど。

国際天文学連合《こくさいてんもんがくれんごう》に「Misuzukaneko」という名で登録されている。

林《はやし》芙《ふ》美《み》子《こ》

自らの人生をドラマとした放浪《ほうろう》の小説家

林《はやし》芙美子《ふみこ》の一生

生没年《せいぼつねん》
1903～1951年
(享年《きょうねん》:49歳《さい》)

転々と各地を回る底辺生活と育まれる文才

幼《おさな》い頃《ころ》に母・キクと共に家を出て以来、母と行商人の養父の３人で九州各地を転々としてまわり、４年間の間に７回も学校を転校するような境遇《きょうぐう》の中で育った。

幼少期《ようしょうき》からの貧《まず》しい放浪《ほうろう》生活は、後に芙美《ふみ》子《こ》の傑作《けっさく》小説『放浪記《ほうろうき》』の原点になる。

小学校教師《きょうし》に文才を認められた芙美子《ふみこ》は尾《お》道《みち》市立高等女学校を卒業後、上京。事務員《じむいん》やカフェの店員、売り子など様々な職業《しょくぎょう》を転々としながら、童話や詩を執筆《しっぴつ》。『放浪記《ほうろうき》』の元になる『歌日記』も書きはじめた。

この頃《ころ》、萩原恭次郎《はぎわらきょうじろう》や辻潤《つじじゅん》、友谷静栄《ともやしずえ》など、無政府状態《むせいふじょうたい》の社会を望むアナーキストの詩人たちと知り合い、影響《えいきょう》を受ける。

後に静栄《しずえ》とは二人で、初めての詩集『二人』を出した。

永《なが》き放浪《ほうろう》の終わりと小説家としての大成

恋《こい》多き女性《じょせい》だった芙美子《ふみこ》は、上京した時に同棲《どうせい》していた明治大学生に始まり、詩人兼俳《けんはい》優《ゆう》の田辺若男《たなべわかお》や、アナーキスト詩人の野村吉《のむらよし》哉《や》など、数多くの男性《だんせい》たちとの間に恋愛《れんあい》関係を持った。

しかし、1944年には生涯《しょうがい》の伴侶《はんりょ》となる画家志望《しぼう》の手塚緑敏《てづかろくびん》と結婚《けっこん》。幼《おさな》い頃《ころ》から続いた放浪《ほうろう》生活を終わらせた。

1928年、文芸雑誌《ざっし》「女人芸術《にょにんげいじゅつ》」で『秋が来たんだ（副題・放浪記《ほうろうき》）』を連載《れんさい》する。

翌年《よくねん》、総合雑誌《そうごうざっし》「改造《かいぞう》」に掲載《けいさい》した『九州炭坑街放浪記《たんこうがいほうろうき》』と合わせて、1930年には『放浪記《ほうろうき》』として発売。

芙美子《ふみこ》の体験をもとにした『放浪記《ほうろうき》』は、底辺の生活を送りながらも明るさを失わない女性《じょせい》の描写《びょうしゃ》が賞賛《しょうさん》され、ベストセラーになる。

人気作家になった芙美子《ふみこ》は、次々に作品を発表し、第３回女流文学者賞受賞作『晩菊《ばんぎく》』や、長編《ちょうへん》小説『浮雲《うきぐも》』などの傑作《けっさく》を世に送り出していく。

しかし、49歳《さい》の時に心臓麻痺《しんぞうまひ》で急死。朝日新聞に連載《れんさい》中だった『めし』など、未完の連載作《れんさいさく》を残しての芙美子《ふみこ》の死は、過労死《かろうし》ともいわれている。

なでしこたちの秘話《ひわ》

『秋が来たんだ』を読み、芙美子《ふみこ》に執筆依頼《しっぴついらい》をしたいと考えた「改造《かいぞう》」の記者・水島治男《みずしまはるお》。治男《はるお》は代理の記者・鈴木《すずき》を芙美子《ふみこ》の家に向かわせたが、鈴木《すずき》を迎《むか》えた芙美子《ふみこ》は、なんとまっ赤な水着姿《すがた》だった。

洗濯《せんたく》した浴衣の替《か》えがなかったためとはいえ、水着姿《すがた》で応対《おうたい》する芙美子《ふみこ》に、鈴木《すずき》はどきまぎしながら執筆《しっぴつ》を依頼《いらい》。そして、「改造《かいぞう》」で連載《れんさい》されることになったのが『九州炭坑街放浪記《たんこうがいほうろうき》』であった。

川《かわ》島《しま》芳《よし》子《こ》

清《しん》朝《ちょう》復《ふっ》興《こう》を目指した男《だん》装《そう》の麗《れい》人《じん》

川島芳子《かわしまよしこ》の一生

生没年《せいぼつねん》

1907～1948年

（享年《きょうねん》：42歳《さい》）

清朝《しんちょう》の王女として生まれた少女の数奇《すうき》な運命

1907年、清朝《しんちょう》王族の粛親王《しゅくしんおう》善耆《ぜんき》の第14王女・愛新覚羅《あいしんかくら》顕玗《けんし》として北京《ペキン》で生まれる。

1913年、父親と親交があった満蒙《まんもう》（満州《まんしゅう》および内蒙古《うちもうこ》の略称《りゃくしょう》。満州《まんしゅう》は現在《げんざい》の中国《ちゅうごく》東北地方。内蒙古《うちもうこ》はモンゴル高原南部）独立《どくりつ》運動家・川島浪速《かわしまなにわ》の養女になり、名前を川島芳子《かわしまよしこ》と改名する。

同年、来日し、日本の地で日本人として育つことになった。

長野県の松本高等女学校に通った芳子《よしこ》は馬に乗って通学したり、ひんぱんに校則《こうそく》を破《やぶ》ったりするなど、とても目立つ生徒であったという。

しかし、実父の葬儀《そうぎ》のため養父といっしょに中国へ渡《わた》り、女学校を長期欠席したことで、復学《ふくがく》できなくなり、そのまま中退《ちゅうたい》した。

1927年、蒙古《もうこ》（現在《げんざい》のモンゴル）の将軍《しょうぐん》・パンジャップの息子・カンジュルジャップと結婚《けっこん》するが、嫁《とつ》ぎ先になじめず、翌年《よくねん》、離婚《りこん》してしまう。

清朝復興《しんちょうふっこう》を目指し、男装姿《だんそうすがた》でのスパイ活動

養父の影響《えいきょう》を受けて清朝復興《しんちょうふっこう》に関心を持っていた芳子《よしこ》は上海《シャンハイ》に渡り、それを機に髪《かみ》を切り、男装《だんそう》するようになったとされる。その美しい顔立ちと元王女という立場から、一躍脚光《いちやくきゃっこう》を浴びることとなった。芳子《よしこ》は陸軍特務《とくむ》機関少佐《しょうさ》・田中隆吉《たなかりゅうきち》と知り合い、隆吉《りゅうきち》の下で男装《だんそう》してスパイ活動を始める。

1931年、満州事変《まんしゅうじへん》が起こった時には関東軍参謀《さんぼう》・板垣征四郎《いたがきせいしろう》の要請《ようせい》を受け、元宣統帝《せんとうてい》溥儀《ふぎ》の皇后《こうごう》・婉容《えんよう》を天津《てんしん》から満州《まんしゅう》へと脱出《だっしゅつ》させる。

日本軍将校《しょうこう》の軍服を着た芳子《よしこ》の写真が新聞にのり、芳子《よしこ》の活動が知られていくとともに「男装《だんそう》の麗人《れいじん》」、「東洋のマタ・ハリ」と称《しょう》されるようになる。しかし、芳子《よしこ》の活動は実際《じっさい》の活躍《かつやく》以上に宣伝《せんでん》され、日本軍に利用されていたともいわれている。

終戦後、芳子《よしこ》は日本のスパイとして中国で国民政府《せいふ》軍（後の台湾《たいわん》）に逮捕《たいほ》される。助命を願い出るも、死刑《しけい》の判決《はんけつ》を受けて銃殺《じゅうさつ》された。

なでしこが生きた時代

芳子《よしこ》の異名《いみょう》の一つ「東洋のマタ・ハリ」。マタ・ハリとは、オランダ人実業家の娘《むすめ》で、ヨーロッパで踊《おど》り子《こ》として名をはせた女性《じょせい》のことだ。

マタ・ハリは、多額《たがく》の報酬《ほうしゅう》と引きかえにドイツのスパイとして働くが、1917年にスパイ行為《こうい》が発覚。フランス軍によって処刑《しょけい》されることになった。以後、マタ・ハリの名前は、女性《じょせい》スパイの代名詞《だいめいし》として使われるようになった。

淡《あわ》谷《や》のり子《こ》（のり）

生《しょう》涯《がい》現《げん》役《えき》を貫《つらぬ》いたブルースの女王

淡《あわ》谷《や》のり子《こ》の一生

生没年《せいぼつねん》

1907～1999年

(享年《きょうねん》:93歳《さい》)

クラシック出身ながらブルースでヒット曲を出す

1910年に起きた青森大火により生家が焼け、家族と共に、小さな借家に移《うつ》り住《す》む。

1923年、上京したのり子《こ》は東京音楽大学の前身、東洋音楽学校の声楽科に入学。家計を支《ささ》えるために一時的に休学し、モデルになる。

1929年、音楽学校を女子初の主席で卒業。卒業後の最初のステージとなる日本青年館での新人を集めた大規模《だいきぼ》コンサートでウェーバーの『魔弾《まだん》の射手《しゃしゅ》』を披露《ひろう》し、賞賛《しょうさん》される。

レコード会社・ポリドールと契約《けいやく》し、本格《ほんかく》派《は》クラシック歌手としてデビュー。しかし、家計を支《ささ》えるため、また、のり子《こ》の性《しょう》に合っていたジャズやシャンソンを歌うようになる。

その後、コロムビア・レコードと契約《けいやく》した1931年に初のヒット作となる『私此頃憂鬱《わたしこのごろゆううつ》よ』を、1937年には代表作となる『別れのブルース』を発売。最初『別れのブルース』はまるで売れなかったが、まず中国・大連《だいれん》や満州《まんしゅう》（現在《げんざい》の中国東北地方）など外国で大流行し、その後、日本でも大ヒット、のり子は「ブルースの女王」と呼《よ》ばれるようになる。

好きなように歌い続け常《つね》に現役《げんえき》歌手を自負

第二次世界大戦《だいにじせかいたいせん》が勃発《ぼっぱつ》すると、軍が歌を検閲《けんえつ》するようになり、アメリカやフランスを発祥《はっしょう》とするブルースやシャンソンが禁《きん》じられる。『別れのブルース』は発売禁止処分《きんししょぶん》になり、のり子《こ》自身も軍から非難《ひなん》された。しかし、「もんぺで歌ってもだれも喜ばない」とハイヒールやドレス姿《すがた》で、慰問《いもん》活動を続けた。

戦後ものり子《こ》は歌い続け、『嘆《なげ》きのブルース』などのヒット作を出す。

歌手生活40周年を迎《むか》える頃《ころ》にナツメロブームが起こり、ナツメロ歌手つまりは過去《かこ》の歌手扱《あつか》いされたことで、引退《いんたい》を考える。

しかし、1971年に当時の流行曲を数多く手がけた作曲家・いずみたくが企画《きかく》した『昔一人の歌い手がいた』にて、新曲12曲を収録《しゅうろく》した。

翌年《よくねん》、芸術《げいじゅつ》などに長年打《う》ち込《こ》んだ人に贈《おく》られる紫綬褒章《しじゅほうしょう》を贈《おく》られ、命ある限《かぎ》り歌い続けたいと願ったのり子《こ》は93歳《さい》で死去する。

なでしこたちの秘話《ひわ》

のり子《こ》はいくら出演料《しゅつえんりょう》が高くても自分の好きなように歌えない環境《かんきょう》だと仕事を断《ことわ》り、安くても好きなように歌えるなら簡単《かんたん》に引き受けた。

そんなお金に無頓着《むとんちゃく》な面を利用され、コロムビアとの契約《けいやく》では、契約書《けいやくしょ》に目を通さずハンコを押《お》し、のり子《こ》には普通《ふつう》はあるはずの印税《いんぜい》がなく、おまけに終身契約《けいやく》になってしまった。これを指摘《してき》された時には、印税《いんぜい》のことよりも終身契約《けいやく》の方に怒《おこ》ったという。

白《しら》洲《す》正《まさ》子《こ》

日本文化を継《けい》承《しょう》する随《ずい》筆《ひつ》家《か》

白洲正子《しらすまさこ》の一生

生没年《せいぼつねん》
1910～1998年
(享年《きょうねん》:89歳《さい》)

能《のう》に古典文学
日本文化への尽《つ》きない興味《きょうみ》

東京・永田町《ながたちょう》生まれ。伯爵《はくしゃく》で実業家・樺山愛輔《かばやまあいすけ》を父に持つ。母・常子《つねこ》は佐々木信綱《ささきのぶつな》を師《し》とあおいだ歌人だった。

能楽師《のうがくし》・梅若実《うめわかみのる》の演《えん》じた『猩々《しょうじょう》』に感激《かんげき》し、4歳《さい》の時に能《のう》を習いはじめる。また、能《のう》のほかに笛と太鼓《たいこ》、小鼓《こつづみ》も習った。

学習院女学部初等科へ入学。14歳《さい》の時にアメリカへの留学《りゅうがく》が決まると、出発前に舞《ま》い納《おさ》めとして『土蜘《つちぐも》』の能《のう》を演《えん》じる。これが、女性《じょせい》初の能舞台《のうぶたい》とされている。

アメリカに渡《わた》り、ハートリッジ・スクールに入学。自由のない全寮制《ぜんりょうせい》生活を送る。ハートリッジ・スクール卒業後、難関《なんかん》とされるヴァッサー大学《だいがく》の試験を合格《ごうかく》した正子《まさこ》だったが、日本の金融恐慌《きんゆうきょうこう》の影響《えいきょう》を受けて、進学をあきらめ帰国する。

帰国後、『枕草子《まくらのそうし》』や『源氏《げんじ》物語』などの古典文学を先生について学ぶ。1932年には、和辻哲郎《わつじてつろう》の著書《ちょしょ》『古寺巡礼《こじじゅんれい》』を持って、奈良《なら》を訪《たず》ね歩《ある》いた。

19歳《さい》の時には、後の政治家《せいじか》・白洲次郎《しらすじろう》に一目ぼれし、翌年《よくねん》に結婚《けっこん》。次郎《じろう》との間に2男1女をもうける。

古民家に移《うつ》り住《す》み
数多くの随筆《ずいひつ》を執筆《しっぴつ》

1940年、鶴川村能ヶ谷《つるかわむらのうがや》（現在《げんざい》の東京都町田市能ヶ谷《のうがや》）にあったかやぶき屋根の農家を購入《こうにゅう》し移《うつ》り住《す》むと飲み友達の作家・河上徹太郎《かわかみてつたろう》や批評家《ひひょうか》・小林秀雄《こばやしひでお》らが訪《たず》ねるようになる。

34歳《さい》の時に、2週間で書き上げた著書《ちょしょ》『お能《のう》』を出版《しゅっぱん》。

1946年には、装丁家《そうていか》にして骨董鑑定家《こっとうかんていか》の青山二郎《あおやまじろう》と知り合う。彼《かれ》の生徒になった正子《まさこ》は骨董《こっとう》の世界にのめり込《こ》み、審美眼《しんびがん》を磨《みが》いた。

1956年、銀座《ぎんざ》にある染色《せんしょく》工芸店・こうげいを経営《けいえい》。問屋を通さずに作家と直接《ちょくせつ》取引した商品を並《なら》べ、多くの染色《せんしょく》作家を発掘《はっくつ》する。

その後、『お能《のう》の見方《みかた》』など数々の著作《ちょさく》を発表。『能面《のうめん》』と『かくれ里《さと》』で2度の読売文学賞を受賞した。好きなものだけを求め、楽しむ生き方は多くのファンを生み、白洲正《しらすまさ》子《こ》ブームを起こした。

なでしこたちの秘話《ひわ》

幼《おさな》い頃《ころ》から勝気で負《ま》けず嫌《ぎら》いな性格《せいかく》だった正子《まさこ》は、自分のことをにくたらしい子どもだと思い、かわいらしいなどと思ったことがなかった。

そのため、正子《まさこ》を子ども扱《あつか》いした使用人から「かわいらしいお嬢《じょう》さま」などと言われると、怒《いか》りを爆《ばく》発《はつ》させ、頭をしこたまたたいたという。また、正子《まさこ》が初めて口にした言葉は「バカヤロウ」で、気に入らない医者に、この罵声《ばせい》をあびせたこともあった。

コシノ三姉妹を育てたファッションデザイナー

小《こ》篠《しの》綾《あや》子《こ》

小《こ》篠《しの》綾《あや》子《こ》の一生

生没年《せいぼつねん》
1913～2006年
(享年《きょうねん》:94歳《さい》)

洋裁《ようさい》にあこがれ 体当たりで洋服作りに挑《いど》む

呉服商《ごふくしょう》の小篠甚作《こしのじんさく》とハナの長女として生まれ、現在《げんざい》の大阪府《おおさかふ》岸和田市で育つ。

幼《おさな》い頃《ころ》から裁縫《さいほう》が好きで、自分の作った服を人に着せ、喜ぶ姿《すがた》が見たいと考えていた。

女学校を中退《ちゅうたい》後、パッチ店で働き、ミシンの扱《あつか》いや裁断《さいだん》、裁縫《さいほう》の技術《ぎじゅつ》を磨《みが》く。

パッチ店をクビになった後、婦人《ふじん》服を学びたいと考え、派遣《はけん》で婦人《ふじん》服の仕立てを教えていた根来久子《ねごろひさこ》に師事《しじ》をこう。最初は断《ことわ》られたが、父のつないだ縁《えん》で個人指導《こじんしどう》を受けるようになり、久子《ひさこ》の技術《ぎじゅつ》を吸収《きゅうしゅう》していく。

1932年、百貨店の制服《せいふく》を和服から洋服に切《き》り替《か》えるという動きが起こる。綾子《あやこ》は自ら百貨店に売《う》り込《こ》みをかけ、制服《せいふく》の発注を受けた。

父の紹介《しょうかい》で働いた紳士《しんし》服店では、作ったこともないイブニングドレスを見様見真似《みまね》で作ることもあった。

その後、突然《とつぜん》父から実家を任《まか》され、コシノ洋装店《ようそうてん》の看板《かんばん》を掲《かか》げる。洋裁《ようさい》の注文を自ら歩いて取り、安くてつらい仕事も引き受けた。

デザイナーとしての腕《うで》一本で 家族を支《ささ》え、育てあげる

1934年には紳士《しんし》服のテーラーと結婚《けっこん》。結婚《けっこん》は父が主導《しゅどう》したもので、綾子《あやこ》に結婚《けっこん》の実感はなく、結婚《けっこん》式当日には、仕事のせいで遅刻《ちこく》するほどだった。

二人は夫婦《ふうふ》らしくない夫婦《ふうふ》だったが、1937年に長女・ヒロコ、1939年には次女・ジュンコが誕生《たんじょう》。仕事に追われていた綾子《あやこ》は子どもの世話は親や親戚《しんせき》にまかせきりだった。

1942年、三女・ミチコを身ごもった頃《ころ》に、夫が戦争に召集《しょうしゅう》され、戦死。同時期に父も死去し、綾子《あやこ》は小篠家《こしのけ》の大黒柱になる。

業界内で綾子《あやこ》の名前が有名になった頃《ころ》、綾《あや》子《こ》は妻子《さいし》を持つ男性《だんせい》と恋愛《れんあい》関係になる。周りからは非難《ひなん》を受けるが、娘《むすめ》は綾子《あやこ》を応援《おうえん》した。

恋《こい》をした影響《えいきょう》は服のデザインに現《あらわ》れ、それは戦後の時代のニーズと合致《がっち》し、評判《ひょうばん》を呼《よ》ぶ。

その後、洋裁《ようさい》店を切《き》り盛《も》りしながら女手一つで娘《むすめ》たちを育て、3人全員が国際的《こくさいてき》に有名なファッションデザイナーに成長。綾子《あやこ》自身も2006年に逝去《せいきょ》するまで生涯現役《しょうがいげんえき》を貫《つらぬ》いた。

なでしこたちの秘話《ひわ》

世界的に有名なデザイナーに育った綾子《あやこ》の娘《むすめ》たち・コシノ三姉妹。そのデザインは三者三様だ。

長女・ヒロコはエレガントとされ、和と洋の優雅《ゆうが》さが融合《ゆうごう》しているのが特徴《とくちょう》。

次女・ジュンコは前衛的《ぜんえいてき》とされ、力強く構築的《こうちくてき》な服作りが持ち味である。

3女・ミチコはスポーティーとされ、カジュアルな作風が特徴《とくちょう》だ。

神《かみ》谷《や》美《み》恵《え》子《こ》

ハンセン病《びょう》患《かん》者《じゃ》と向き合い続けた精《せい》神《しん》科医

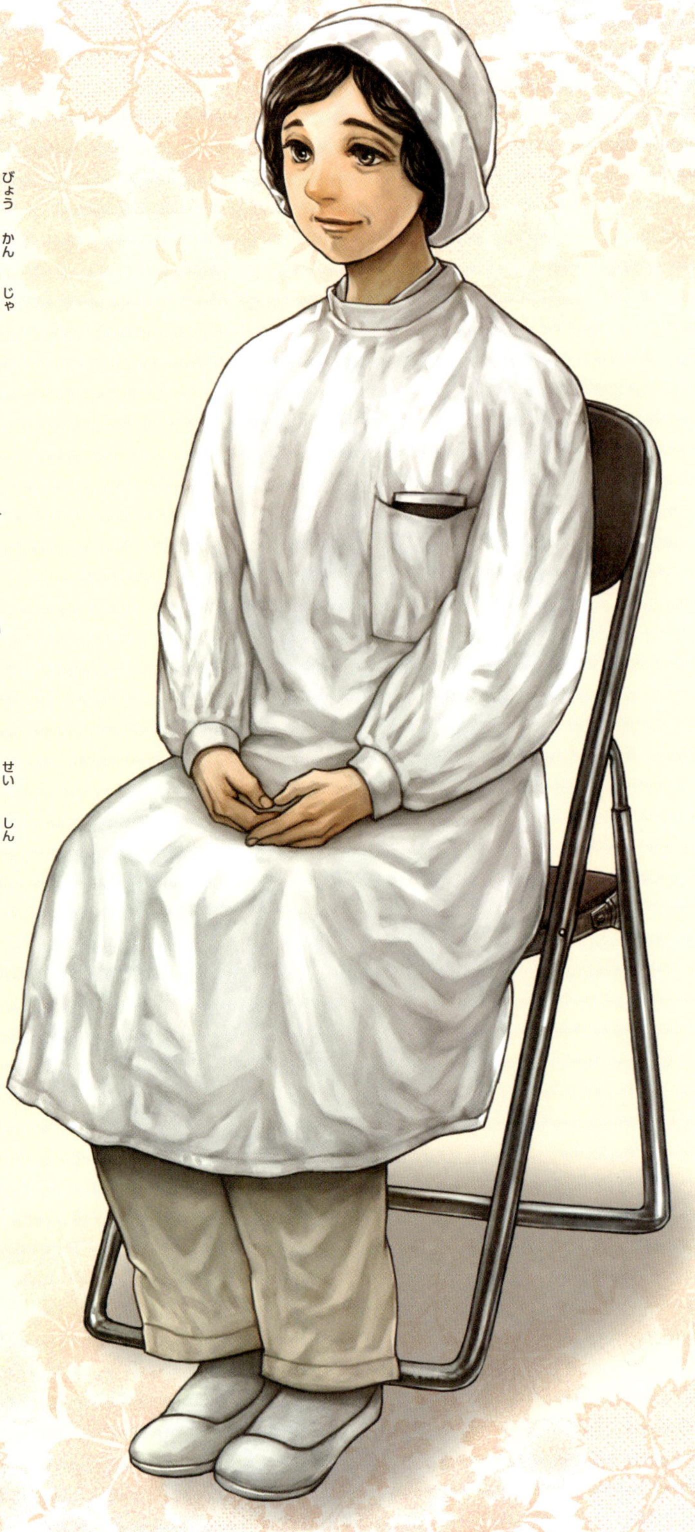

神谷美恵子《かみやみえこ》の一生

生没年《せいぼつねん》
1914～1979年
(享年《きょうねん》:66歳《さい》)

ハンセン病の実態《じったい》を知り 衝撃《しょうげき》を受ける

後の文部大臣・前田多門《まえだたもん》を父に持ち、2歳《さい》の時、父の異動《いどう》により一家は上京。

10歳《さい》の時に、父が国際《こくさい》労働機関の日本政府《せいふ》代表としてスイス・ジュネーブに赴任《ふにん》。美恵子《みえこ》はジャン＝ジャック・ルソー教育研究所の付属《ふぞく》小学校に編入《へんにゅう》する。

3年後に帰国。1935年には、津田塾《つだじゅく》大学の前身となる津田《つだ》英学塾《じゅく》を卒業する。

英学塾《じゅく》に在学《ざいがく》中、叔父《おじ》に連れられて、ハンセン病の療養所《りょうようじょ》である国立療養所多磨全生園《こくりつりょうようじょたまぜんせいえん》を訪《たず》ねる。当時、ハンセン病は不治の病として隔離政策《かくりせいさく》がとられていた。患者《かんじゃ》たちの姿《すがた》に衝撃《しょうげき》を受けた美恵子《みえこ》はハンセン病の医療《いりょう》に進みたいと考えるようになる。

2度結核《けっかく》を発症《はっしょう》させた後、アメリカに留学《りゅうがく》。コロンビア大学の医学コースに進む。しかし、戦争の影響《えいきょう》で1年しか在籍《ざいせき》できなかった。

帰国した美恵子《みえこ》は後の東京女子医科大学、東京女子医学専門《せんもん》学校に入学し、医学を学ぶ。

在学《ざいがく》中に、瀬戸内海《せとないかい》に浮《う》かぶ離《はな》れ島に作られたハンセン病療養所《びょうりょうようじょ》・国立療養所長島愛生園《こくりつりょうようじょながしまあいせいえん》へ実習に入り、12日間滞在《たいざい》。いつか長島《ながしま》愛生園《あいせいえん》へ就職《しゅうしょく》すると決意する。

念願の長島愛生園《ながしまあいせいえん》に就職《しゅうしょく》 患者《かんじゃ》の悩《なや》みを知る

両親の強い反対もあり、ハンセン病医療《いりょう》を学ぶことが困難《こんなん》だった美恵子《みえこ》は、精神《せいしん》医学を学ぶため東京帝国《ていこく》大学医学部精神《せいしん》科に入局。しかし、父の仕事の手伝いのため、一時的に精神《せいしん》医学の勉強を休止する。

1946年、植物学者・神谷宣郎《かみやのぶろう》と結婚《けっこん》後、38歳《さい》の時に東大病院を辞職《じしょく》。大阪《おおさか》大学医学部神経《しんけい》科に入局し、精神《せいしん》医学を再《ふたた》び学びはじめる。

1956年、ハンセン病をテーマにした精神《せいしん》医学的研究に入り、念願だった長島愛生園《ながしまあいせいえん》で働きはじめる。患者《かんじゃ》たちの調査《ちょうさ》を進めると、生きがいがないことを悩《なや》みにしている者が多く、「生きがい」について考えるようになった恵美子《えみこ》は1966年に『生《い》きがいについて』を発表。

その後、長島愛生園《ながしまあいせいえん》に非常勤《ひじょうきん》で働きながら、様々な学校で精神《せいしん》医学の講義《こうぎ》や、関心を持っていた宗教《しゅうきょう》・文学の分野の翻訳《ほんやく》なども行った。

なでしこたちの秘話《ひわ》

美恵子《みえこ》は誠実《せいじつ》な妻《つま》であり、2児の母であった。しかし、自分がしたいこと、自分がしなければいけないと感じるものが多く、それを成そうとしてうちからあふれて出てこようとするものを、美恵子《みえこ》自身は「オニ」と呼《よ》んでいた。

戦後、厳《きび》しい生活を送る中で、自分の中のうちなる「オニ」が窒息《ちっそく》しそうになる時があったという。しかし、美恵子《みえこ》は家庭を守ることを優先《ゆうせん》させた。

「東京ローズ」に仕立て上げられた悲劇《ひげき》の女性《じょせい》

戸《と》栗《ぐり》郁《いく》子《こ》

（アイバ・戸《と》栗《ぐり》・ダキノ）

戸栗郁子《とぐりいくこ》の一生

生没年《せいぼつねん》
1916～2006年
(享年《きょうねん》:91歳《さい》)

アメリカ兵に向けたラジオ『ゼロ・アワー』に出演《しゅつえん》

ロサンゼルスに住む日本人の父・戸栗遵《とぐりじゅん》と母・フミの間に、日系《にっけい》2世として生まれ、アメリカ市民権《しみんけん》を有していた。

ごく普通《ふつう》のスポーツ好きのアメリカ人として育った郁子《いくこ》は、1934年にカルフォルニア州立大学ロサンゼルス校に入学。

1941年、日本在住《ざいじゅう》の叔母《おば》を見舞《みま》うために来日。来日中に第二次世界大戦《だいにじせかいたいせん》が勃発《ぼっぱつ》し、日本にとって敵国《てきこく》であるアメリカに帰国できなくなった。

郁子《いくこ》はアメリカ市民権《しみんけん》を持ち続けたまま、生活のために日本放送協会（ＮＨＫ《エヌエイチケイ》）海外局で働きはじめる。その頃《ころ》、アメリカ軍兵士に向けたラジオ『ゼロ・アワー』の放送が開始される。これはアメリカ兵の戦意喪失《そうしつ》を目的とした放送（プロパガンダ）だった。

郁子《いくこ》は原稿《げんこう》を英語に翻訳《ほんやく》する仕事をしていたが、アメリカ兵によりアピールするため、アナウンサーとして抜《ばっ》てきされ、『ゼロ・アワー』に出演《しゅつえん》することとなった。

『ゼロ・アワー』はプロパガンダでありながらアメリカ兵から人気になり、兵士たちは声の主を「東京ローズ」と呼《よ》ぶようになる。

「東京ローズ」として裁判《さいばん》に出廷《しゅってい》

終戦後、アメリカのジャーナリストたちは「東京ローズ」の正体をスクープするべく取材を開始。「ローズ」は実在《じつざい》せず、郁子《いくこ》は『ゼロ・アワー』に出演《しゅつえん》していたアナウンサーの中の一人にすぎなかった。他のアナウンサーたちが口を閉《と》ざすなか、郁子《いくこ》だけが「ローズ」の一人であると認《みと》めたため、アメリカは郁子《いくこ》を国家反逆罪《はんぎゃくざい》で逮捕《たいほ》した。裁判出廷《さいばんしゅってい》のため、郁子《いくこ》はアメリカへ帰国。無罪《むざい》を主張《しゅちょう》するも有罪《ゆうざい》となり、禁固《きんこ》10年の罰《ばつ》を受ける。

有罪《ゆうざい》が確定《かくてい》した郁子《いくこ》は市民権《しみんけん》を剥奪《はくだつ》され無国籍者《むこくせきしゃ》となる。刑務所《けいむしょ》から出所後も市民権《しみんけん》を復活《ふっかつ》させるべく戦い、1977年、フォード大統領《だいとうりょう》が特赦《とくしゃ》を発表し、市民権《しみんけん》が復活《ふっかつ》した。

郁子《いくこ》の裁判《さいばん》は政治的《せいじてき》な問題がからみ、公平なものではなく、裁判《さいばん》を傍聴《ぼうちょう》した記者の中からも、悲劇的《ひげきてき》な誤審《ごしん》だと声があがった。後に証人《しょうにん》が偽証《ぎしょう》したことも明らかにされている。

なでしこたちの秘話《ひわ》

アメリカに帰国後、郁子《いくこ》の味方になってくれる人は家族以外にいなかった。

そのため「敗者の味方」と称《しょう》されるウェイン・コリンズが弁護士《べんごし》としてつき、人間としての権利《けんり》を主張《しゅちょう》し、守ろうとしてくれたことに郁子《いくこ》は大変喜んだ。

コリンズの他に、弁護士《べんごし》タンバとオールスハウゼンも協力。3人の弁護士《べんごし》たちは郁子《いくこ》の無実を信じて力になった。これに郁子《いくこ》は感謝《かんしゃ》し、深い信頼《しんらい》を寄《よ》せた。

子どもたちへの愛にあふれた童画家

いわさきちひろ

（松《まつ》本《もと》知《ち》弘《ひろ》／千《ち》尋《ひろ》）

いわさきちひろの一生

生没年《せいぼつねん》
1918～1974年
(享年《きょうねん》:57歳《さい》)

才能《さいのう》を認《みと》められ童画家として自立

裕福《ゆうふく》な家庭に生まれたちひろは絵を描《か》くことが好きな子どもだった。

しかし、美術《びじゅつ》学校への進学は父に許《ゆる》されず、1939年に親のすすめで結婚《けっこん》。夫と旧満《きゅうまん》州《しゅう》（現在《げんざい》の中国東北部）・大連《だいれん》へ渡《わた》るが夫は自殺、ちひろは日本に戻《もど》ることとなった。

終戦後、ちひろは一貫《いっかん》して戦争に反対する日本共産党《きょうさんとう》に共感して入党《にゅうとう》。絵の才能《さいのう》を買われて人民新聞社《じんみんしんぶんしゃ》の記者として働きながら、そのかたわらで挿絵《さしえ》やカットを手がける。

31歳《さい》の時にアンデルセン原作の紙芝居《かみしばい》『お母さんの話』を刊行《かんこう》。1950年に文部大臣賞を受賞する。同年、松本善明《まつもとぜんめい》と再婚《さいこん》し、翌年《よくねん》には長男・猛《たけし》を出産。ちひろは猛《たけし》をモデルに多くの絵を描《えが》き、子どもの描写《びょうしゃ》に磨《みが》きをかけた。

絵本にしかできないことを探《さが》し続《つづ》ける日々

現在《げんざい》の小学館児童出版《しゅっぱん》文化賞となる小学館絵画賞を受賞するなど、1950年代には童画家として有名になり、1957年に初めての絵本『ひとりでできるよ』を出版《しゅっぱん》。その後も手がけた紙芝居《かみしばい》や絵本は数々の賞を受賞した。

だが、当時の画家は社会的地位が低く、著《ちょ》作権《さくけん》も認《みと》められていなかった。ちひろは日本児童出版美術家連盟《しゅっぱんびじゅつかれんめい》に関わるなど、画家の地位を上げるための活動を行っていく。

1960年代、ヨーロッパ旅行に刺激《しげき》を受けて、大人向けの絵本『絵のない絵本』を発表。

同じく大人に向けて戦争をテーマにした絵本『わたしがちいさかったときに』や『母さんはおるす』などを描《えが》いた。戦争体験を持つちひろは、子どもたちの平和と幸せを強く願い、その想いを絵本にこめたのだった。

そして、ちひろは絵本にしかできないことを探究《たんきゅう》し、物語に挿絵《さしえ》をつけるのではなく、絵が主体となる実験的な絵本『あめのひのおるすばん』を作りあげる。その後も絵本の新たな表現《ひょうげん》の可能性《かのうせい》を探《さぐ》り、1973年、絵本『ことりのくるひ』はボローニャ国際《こくさい》児童図書展《てん》グラフィック賞を受賞、国際的《こくさいてき》な評価《ひょうか》を得た。

がんにかかり、1974年の夏に死没《しぼつ》するも、ちひろは最期の時まで絵筆を持ち続けた。

なでしこたちの秘話《ひわ》

松本善明《まつもとぜんめい》との結婚《けっこん》は、愛に満ちたものだった。

同じ共産党員《きょうさんとういん》であった善明《ぜんめい》とちひろはひかれあい、二人だけの結婚式《けっこんしき》を挙げることになった。

結婚式《けっこんしき》の会場は二人が住むブリキ屋の2階。部屋いっぱいに花を飾《かざ》ったほかに用意したのはワイン1本とグラスだけ。そこで33歳《さい》のちひろと25歳《さい》の善《ぜん》明《めい》は互《たが》いの立場を尊重《そんちょう》するということを記した誓約《せいやく》書《しょ》を交わした。

長《は》谷《せ》川《がわ》町《まち》子《こ》

国民的漫《まん》画《が》『サザエさん』を生み出した漫《まん》画《が》家《か》

長谷川町子《はせがわまちこ》の一生

生没年《せいぼつねん》
1920～1992年
(享年《きょうねん》:73歳《さい》)

漫画家《まんがか》に弟子入りし 在学《ざいがく》中に漫画家《まんがか》デビュー

小さい頃《ころ》から絵を描《えが》くのが好きで、児童展《てん》覧会《らんかい》や懸賞展《けんしょうてん》ではよく賞を取り、将来《しょうらい》は絵を勉強したいと考えていた。

父の死後、母や姉妹たちと共に上京し、山脇《やまわき》高等女学校に編入《へんにゅう》。

漫画《まんが》に興味《きょうみ》を抱《いだ》いた町子《まちこ》は漫画《まんが》『のらくろ』を見て、作者の田河水泡《たがわすいほう》に弟子入り。

16歳《さい》の時に雑誌《ざっし》「少女倶楽部《しょうじょくらぶ》」に『狸《たぬき》の面《めん》』を発表。これがデビュー作となる。

女学校を卒業後は、水泡《すいほう》の内弟子となり住《す》み込《こ》みで学ぶ。

1939年には4コマ漫画《まんが》『ヒィフゥみよチャン』を国民新聞で連載《れんさい》を始め、100回続く。

その他にも「少女倶楽部《しょうじょくらぶ》」に『仲よし手帖《てちょう》』、雑誌《ざっし》「アサヒグラフ」に『翼賛一家大和《よくさんいっかやまと》さん』など、続々と作品を連載《れんさい》した。

終戦後、西日本新聞から連載漫画《れんさいまんが》の依頼《いらい》を受ける。この時生まれたのが代表作となる4コマ漫画《まんが》『サザエさん』で西日本新聞の関係紙である夕刊《ゆうかん》フクニチに4か月間連載《れんさい》された。

『サザエさん』が大ヒットし 続々と作品を発表

戦後、町子《まちこ》一家は疎開《そかい》先から再《さい》上京。姉・毬子《まりこ》の発案で町子《まちこ》は姉と共に小さな出版社・姉妹社《しまいしゃ》を設立《せつりつ》。単行本『サザエさん』を発売する。1巻《かん》は発売当時さっぱり売れなかったが、本の大きさをB5判《ばん》からB6判《ばん》に変えると2巻《かん》・3巻《かん》はよく売れた。その後、『サザエさん』は雑誌《ざっし》「漫画少年《まんがしょうねん》」や夕刊《ゆうかん》朝日新聞など連載誌《れんさいし》を変え、1951年には朝日新聞朝《ちょう》刊《かん》で連載開始《れんさいかいし》。長期連載《れんさい》になる。その後は映《えい》画《が》やテレビアニメとなり、不動の人気を築《きず》く。

『サザエさん』の他にも『いじわるばあさん』や『新やじきた道中記《どうちゅうき》』、『エプロンおばさん』などの作品を続々と発表。町子《まちこ》の作品の単行本はすべて姉妹社《しまいしゃ》から発売された。

1985年には、後の長谷川町子美術館《はせがわまちこびじゅつかん》となる長谷川美術館《はせがわびじゅつかん》を開館。1991年には第20回日本漫画家《まんがか》協会賞の文部大臣賞を受賞。手《て》塚治虫《づかおさむ》に続く二人目の受賞となった。

翌年《よくねん》、心不全でこの世を去るが、その2か月後、町子《まちこ》に国民栄誉《こくみんえいよ》賞が贈《おく》られた。

なでしこたちの秘話《ひわ》

西日本新聞から連載《れんさい》作を依頼《いらい》された時、町子《まちこ》は家族といっしょに福岡《ふくおか》に疎開《そかい》していた。

疎開《そかい》先の家の前には海が広がり、町子《まちこ》は連載《れんさい》作の案を練る時によく浜辺《はまべ》を散歩したり、寝転《ねころ》がったりしていたという。

サザエやカツオ、ワカメなど、『サザエさん』の登場人物が海産物に由来した名前を持っているのは、その影響《えいきょう》を受けているからだ。

北《きた》原《はら》怜《さと》子《こ》

「蟻《あり》の街のマリア」と呼《よ》ばれたクリスチャン

北原《きたはら》怜子《さとこ》の一生

生没年《せいぼつねん》
1929～1958年
(享年《きょうねん》:30歳《さい》)

ゼノ修道士《しゅうどうし》と貧困《ひんこん》にあえぐ人々との出会い

大学教授《きょうじゅ》の娘《むすめ》として、東京都阿佐ヶ谷《あさがや》で誕生《たんじょう》。裕福《ゆうふく》な家庭環境《かんきょう》の中で育つ。

周囲の人々のため何かしたいという性格《せいかく》で、幼《おさな》い頃《ころ》に姉が病死した時には、姉のためにと骨壺《こつつぼ》の前でずっと絵本を読み聞かせたという。

昭和女子薬学専門《せんもん》学校を卒業後、21歳《さい》の時に洗礼《せんれい》を受け、クリスチャンになる。

翌年《よくねん》、北原一家《きたはらいっか》は台東区浅草の花川戸に引《ひ》っ越《こ》す。そこで、怜子《さとこ》はゼノ修道士《しゅうどうし》と出会う。

台東区浅草隅田川畔《すみだがわはん》には、廃品回収《はいひんかいしゅう》を主な仕事とする人々が集まった集落、通称《つうしょう》・蟻《あり》の街があった。ゼノから蟻《あり》の街の貧困《ひんこん》ぶりを見せられた怜子《さとこ》は「貧困者《ひんこんしゃ》が自力で更生《こうせい》できる組織《そしき》が必要」というゼノの考えと活動に共感。

1950年、蟻《あり》の街での奉仕《ほうし》活動を開始する。

蟻《あり》の街の人々のため奔走《ほんそう》する日々

蟻《あり》の街に入ると、町の子どもやその母親、病人たちの教育や生活指導《しどう》などにあたった。

最初は怜子《さとこ》の活動を偽善《ぎぜん》だと厳《きび》しい態度《たいど》を取る街の人もいたが、だんだんと受け入れられていき、特に子どもたちからは「先生」と呼《よ》ばれ、慕《した》われていった。

ある時、子どもたちの思い出作りのため、箱根旅行を計画。お嬢様《じょうさま》育ちの怜子《さとこ》自らが進んで廃品回収《はいひんかいしゅう》を行い、費用をためてみせた。

献身的《けんしんてき》な怜子《さとこ》の活動は「蟻《あり》の街のマリア」と報道《ほうどう》され賞賛《しょうさん》されたが、過労《かろう》により胸《むね》の病気にかかってしまう。

療養《りょうよう》のために東京を離《はな》れたが、病状《びょうじょう》はよくならず、蟻《あり》の街の人々の要望もあって、怜子《さとこ》は蟻《あり》の街に戻《もど》り療養《りょうよう》することになった。

東京都の役人から蟻《あり》の街が立《た》ち退《の》きをせまられた時、街側は交渉《こうしょう》の末に立《た》ち退《の》き先を確保《かくほ》したが、2500万円という莫大《ばくだい》な費用を一括払《いっかつばら》いしなければならなかった。しかし、怜子《さとこ》が執筆《しっぴつ》した『蟻《あり》の街の子供《こども》たち』を読んだ役人は、街の事情《じじょう》を理解《りかい》し、1500万円の分割払《ぶんかつばら》いという好条件《こうじょうけん》を出してくれた。これは病床《びょうしょう》にあった怜子《さとこ》が起こした奇跡《きせき》といわれた。

うれしい交渉《こうしょう》結果を聞いた後、昏睡状態《こんすいじょうたい》になった怜子《さとこ》は30歳《さい》の若《わか》さでこの世を去った。

なでしこたちの秘話《ひわ》

箱根旅行の費用稼《かせ》ぎのため、自ら廃品回収《はいひんかいしゅう》をした怜子《さとこ》だが、思うようにはいかず、最初は交通費6000円も貯められずにいた。さすがに困《こま》った怜子《さとこ》が神に祈《いの》りをささげていると、奇跡《きせき》のような偶然《ぐうぜん》が起こる。

知り合いから突然《とつぜん》、ミルクの空き缶《かん》を廃品《はいひん》としてもらえることになったのだ。空き缶《かん》をもらいに子どもたちと何度も往復《おうふく》し、集めたミルク缶《かん》を換金《かんきん》するとほぼ6000円になり、交通費を確保《かくほ》できたという。

年表

●年表の見方

本書で紹介《しょうかい》した出来事は赤文字で記されています。
その他の重要な出来事は黒文字で記されています。

この本で取り上げた人物たちの出来事をまとめた年表。一人の人物が活躍《かつやく》していた頃《ころ》に他の人物たちが何をしていたのかがわかるようになっている。関連ページを見て、調べてみよう。

年代	出来事	関連ページ	日本史の時代区分
974年頃《ごろ》	藤原道綱母《ふじわらのみちつなのはは》、『蜻蛉《かげろう》日記』を完成	P8	平安時代
1155年	後白河天皇《ごしらかわてんのう》が即位《そくい》	P10	
1156年	保元《ほうげん》の乱《らん》	P10	
1207年	親鸞《しんらん》、越後《えちご》に配流《はいる》される	P12	鎌倉時代《かまくらじだい》
1279年	阿仏尼《あぶつに》、京から鎌倉《かまくら》へくだる	P14	
1459年	今参局《いままいりのつぼね》、日野富子《ひのとみこ》の男子を呪《のろ》い殺《ころ》したとうわさされる	P16	室町時代
1560年	織田信長《おだのぶなが》、桶狭間《おけはざま》の戦《たたか》いで今川義元《いまがわよしもと》を破《やぶ》る	P18	
1584年	豊臣秀吉《とよとみひでよし》、小牧《こまき》・長久手《ながくて》の戦《たたか》いで徳川家康《とくがわいえやす》と戦う	P20	安土桃山時代《あづちももやまじだい》
1603年	出雲阿国《いずものおくに》、京でややこ踊《おど》りを演じる	P22	江戸時代《えどじだい》
1606年	豪姫《ごうひめ》の夫・宇喜多秀家《うきたひでいえ》、八丈島《はちじょうじま》に配流《はいる》される	P24	
1620年	東福門院《とうふくもんいん》、入内《じゅだい》する	P28	
1623年	徳川家光《とくがわいえみつ》、征夷大将軍《せいいたいしょうぐん》に即位《そくい》	P26	
1639年	ジャガタラお春《はる》、国外へ追放される	P30	
1680年	徳川綱吉《とくがわつなよし》、征夷大将軍《せいいたいしょうぐん》に即位《そくい》	P32	
1682年	江戸《えど》、大火に見舞《みま》われる	P34	
1686年	井原西鶴《いはらさいかく》、『好色五人女《こうしょくごにんおんな》』を刊行《かんこう》する	P34	
1687年	徳川綱吉《とくがわつなよし》、生類憐《しょうるいあわれ》みの令《れい》を施行《しこう》する	P32	
1714年	絵島生島事件《えじまいくしまじけん》	P36	
1804年	華岡青洲《はなおかせいしゅう》、全身麻酔《ますい》による乳《にゅう》がん摘出《てきしゅつ》に成功する	P38	

年代	出来事	関連ページ	日本史の時代区分
1829年	シーボルト、国外へ追放される	P40	
1853年	千葉佐那《ちばさな》、坂本龍馬《さかもとりょうま》と手合わせする	P44	
1856年	ハリス、初代アメリカ総領事《そうりょうじ》として下田に赴任《ふにん》する	P46	
1859年	西郷隆盛《さいごうたかもり》、奄美大島《あまみおおしま》へ配流《はいる》される	P42	江戸時代《えどじだい》
1864年	久坂玄瑞《くさかげんずい》、禁門《きんもん》の変《へん》で自決する	P50	
1866年	坂本龍《さかもとりょう》、寺田屋遭難《てらだやそうなん》において坂本龍馬《さかもとりょうま》を脱出《だっしゅつ》させる	P48	
1866年	坂本龍《さかもとりょう》、坂本龍馬《さかもとりょうま》と鹿児島《かごしま》へ日本初の新婚《しんこん》旅行におもむく	P48	
1868年	新島八重《にいじまやえ》、会津戦争《あいづせんそう》で新政府軍《しんせいふぐん》と戦う	P52	
1871年	津田梅子《つだうめこ》、岩倉使節団《いわくらしせつだん》に同行して渡米《とべい》する	P64	
1872年	富岡製糸場《とみおかせいしじょう》設立《せつりつ》	P58	
1876年	新島八重《にいじまやえ》、女子塾《じゅく》を設立《せつりつ》する	P52	
1877年	鍋島胤子《なべしまたねこ》、ロンドンでヴィクトリア女王とエドワード皇太子《こうたいし》に謁見《えっけん》する	P54	
1882年	ラグーザ玉《たま》、女性《じょせい》初のイタリア留学生《りゅうがくせい》となる	P60	
1885年	荻野吟子《おぎのぎんこ》、医師資格《いししかく》を得る	P56	
1895年	樋口一葉《ひぐちいちよう》、『たけくらべ』を発表する	P70	
1898年	石井筆子《いしいふでこ》、アメリカで開催《かいさい》された婦人倶楽部《ふじんくらぶ》万国大会に出席する	P62	明治時代
1900年	津田梅子《つだうめこ》、女子英学塾《じゅく》を設立《せつりつ》する	P64	
1900年	吉岡弥生《よしおかやよい》、東京女医学校を設立《せつりつ》する	P68	
1901年	与謝野晶子《よさのあきこ》、『みだれ髪《がみ》』を刊行《かんこう》する	P74	
1903年	羽仁《はに》もと子《こ》、「家庭之友《かていのとも》」を創刊《そうかん》する	P72	
1908年	川上貞奴《かわかみさだやっこ》、帝国女優《ていこくじょゆう》養成所を設立《せつりつ》する	P66	
1910年	ラグーザ玉《たま》、ニューヨークの国際美術展覧会《こくさいびじゅつてんらんかい》で婦人《ふじん》部最高賞を受賞する	P60	
1910年	御船千鶴子《みふねちずこ》、東京帝国《ていこく》大学の福来友吉《ふくらいともきち》と透視《とうし》実験する	P84	
1911年	松井須磨子《まついすまこ》、『ハムレット』でオフィーリアを演《えん》じる	P86	

年代	出来事	関連ページ	日本史の時代区分
1911年	高村智恵子《たかむらちえこ》、「青鞜《せいとう》」創刊号《そうかんごう》の表紙を描《か》く	P88	
1911年	松旭斎天勝《しょうきょくさいてんかつ》、松旭斎天勝一座《しょうきょくさいてんかついちざ》を結成する	P90	明治時代
1911年	平塚《ひらつか》らいてう《らいちょう》、「青鞜《せいとう》」を創刊《そうかん》する	P92	
1920年	平塚《ひらつか》らいてう《らいちょう》、市川房枝《いちかわふさえ》、新婦人協会《しんふじんきょうかい》を設立《せつりつ》する	P92 P98	
1921年	羽仁《はに》もと子《こ》、自由学園を設立《せつりつ》する	P72	
1921年	柳原白蓮《やなぎわらびゃくれん》、朝日新聞に夫への絶縁状《ぜつえんじょう》を公開する	P80	
1922年	野上弥生子《のがみやえこ》、『海神丸《かいじんまる》』を刊行《かんこう》する	P82	
1922年	兵頭精《ひょうどうただし》、三等飛行機操縦《そうじゅう》士試験に合格《ごうかく》する	P106	大正時代
1923年	伊藤野枝《いとうのえ》、関東大震災《だいしんさい》直後に虐殺《ぎゃくさつ》される	P100	
1923年	知里幸恵《ちりゆきえ》の死後、『アイヌ神謡集《しんようしゅう》』が刊行《かんこう》される	P116	
1923年	金子《かねこ》みすゞ《みすず》、初投稿《とうこう》の童謡《どうよう》が雑誌《ざっし》4誌《し》に掲載《けいさい》される	P118	
1924年	白洲正子《しらすまさこ》、能舞台《のうぶたい》に女性演者《じょせいえんじゃ》として初めて立つ	P126	
1929年	竹鶴政孝《たけつるまさたか》、国産第一号のウイスキーを出荷する	P104	
1929年	鳥濱《とりはま》トメ、鹿児島県知覧《かごしまけんちらん》に富屋食堂《とみやしょくどう》を開店する	P112	
1930年	林芙美子《はやしふみこ》、『放浪記《ほうろうき》』を刊行《かんこう》する	P120	
1934年	小篠綾子《こしのあやこ》、コシノ洋装店《ようそうてん》の看板《かんばん》を掲《かか》げる	P128	
1935年	三浦環《みうらたまき》、イタリアのパレルモで『蝶々夫人《ちょうちょうふじん》』の 2000 回目の主役を演《えん》じる	P78	
1936年	岡本《おかもと》かの子《こ》、『鶴《つる》は病《や》みき』を発表	P94	
1937年	淡谷《あわや》のり子《こ》、『別れのブルース』を発表する	P124	昭和時代
1938年	岡田嘉子《おかだよしこ》、ソビエトに亡命《ぼうめい》する	P110	
1942年	鳥濱《とりはま》トメの富屋食堂《とみやしょくどう》が軍の指定食堂《しょくどう》になる	P112	
1943年	戸栗郁子《とぐりいくこ》、『ゼロ・アワー』のアナウンサーになる	P132	
1945年	市川房枝《いちかわふさえ》、新日本婦人同盟《ふじんどうめい》を結成する	P98	
1945年	川島芳子《かわしまよしこ》、国民政府《せいふ》軍に逮捕《たいほ》される	P122	

年代	出来事	関連ページ	日本史の時代区分
1946年	徳川幹子《とくがわもとこ》、茨城県《いばらきけん》水戸市の開拓地《かいたくち》へ入植する	P114	
1946年	長谷川町子《はせがわまちこ》、『サザエさん』を連載《れんさい》開始する	P136	
1947年	梨本伊都子《なしもといつこ》、皇籍《こうせき》を離脱《りだつ》する	P76	
1948年	沢田美喜《さわだみき》、エリザベス・サンダース・ホームを設立《せつりつ》する	P108	
1950年	いわさきちひろ、紙芝居《かみしばい》『お母さんの話』で文部大臣賞を受賞する	P134	
1950年	北原怜子《きたはらさとこ》、蟻《あり》の街で奉仕活動《ほうしかつどう》を開始する	P138	
1952年	村岡花子《むらおかはなこ》、『赤毛《あかげ》のアン』を刊行《かんこう》する	P96	昭和時代
1953年	市川房枝《いちかわふさえ》、参議院《さんぎいん》選挙に当選する	P98	
1957年	神谷美恵子《かみやみえこ》、長島愛生園《ながしまあいせいえん》に勤務《きんむ》する	P130	
1971年	野上弥生子《のがみやえこ》、文化勲章《ぶんかくんしょう》を受章する	P82	
1972年	白洲正子《しらすまさこ》、『かくれ里《さと》』で２度目の読売文学賞を受賞する	P126	
1974年	斎藤輝子《さいとうてるこ》、南極に出発する	P102	
1992年	長谷川町子《はせがわまちこ》、国民栄誉賞《こくみんえいよしょう》を受賞する	P136	

※本書に掲載している人物のイラストは、資料等を基に
描き起こしたイメージイラストです。学術的な再現を
図ったイラストではないことをお断りしておきます。

執筆●渡辺友

絵●秋鮭	純_juN	マツオヒロミ
朝日曼耀	墨竹	ムジハ
五浦マリ	月岡ケル	目黒詔子
おうり	ハイジ	芳岡月
カオミン	ピスケ	ebba
加藤さやか	ひな	Rei
洒乃渉	日向グレ子	te10
ジキ	ふとん	UGYAU

編集・DTP●株式会社 ウェッジホールディングス ユニコン事業部

装丁●佐々木由幸

歴史に輝くなでしこ大図鑑

初版発行／2015年2月

編／ウェッジホールディングス
発行所／株式会社 金の星社
〒111-0056 東京都台東区小島1-4-3
電話 03-3861-1861(代) Fax 03-3861-1507
振替00100-0-64678
ホームページ http://www.kinnohoshi.co.jp

印刷／今井印刷 株式会社
製本／牧製本印刷 株式会社

NDC280 ISBN978-4-323-07312-5 144P 24.7cm

Published by KIN-NO-HOSHI SHA, Tokyo, Japan

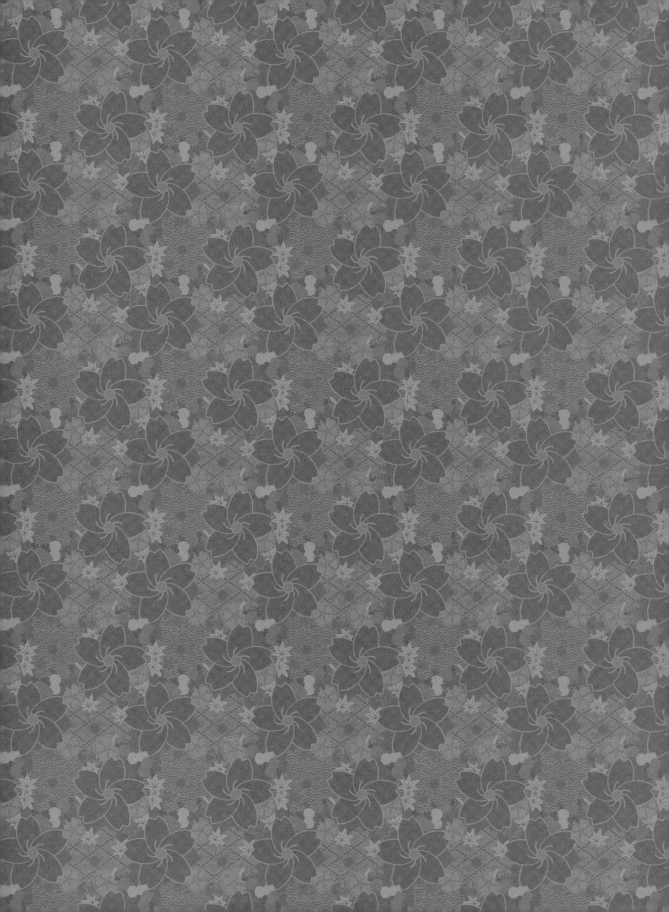